Meier • Die Handschriften der Bibliothek
des Militärgeschichtlichen Forschungsamtes

Potsdamer Schriften zur Militärgeschichte

Herausgegeben vom
Militärgeschichtlichen Forschungsamt

Band 4

Martin Meier

Die Handschriften der Bibliothek des Militärgeschichtlichen Forschungsamtes

Militärgeschichtliches Forschungsamt • Potsdam 2007

Gesamtgestaltung: MGFA, Potsdam
Redaktion: Wilfried Rädisch, MGFA, Potsdam
Umschlagabbildung: Villa Ingenheim, Dienstsitz des MGFA (Foto: Tessmer)

Druck und Vertrieb: BOD, Norderstedt

ISBN 978-3-9808882-5-7

Inhalt

Vorwort

Nach rund zweijähriger Bauphase kann das Militärgeschichtliche Forschungsamt (MGFA) seine Bibliothek am 7. September 2007 in aufwendig umgebauten und erweiterten Gebäuden formell eröffnen. Damit steht den Nutzern aus dem eigenen Hause, der nahen Universität sowie dem Potsdamer und Berliner Raum eine leistungsfähige moderne Bibliothek mit Freihandaufstellung zur Verfügung. In jetzt klimatisierten Räumen ist eine in Deutschland einmalige Spezialsammlung militärgeschichtlicher Fachliteratur für Benutzer aus der Wissenschaft, der Bundeswehr und der interessierten Öffentlichkeit wieder zugänglich – rechtzeitig auch zur Eröffnung des neuen Studienganges »Military Studies« (Militärgeschichte, Militärsoziologie), der im Wintersemester 2007/08 an der Universität Potsdam seinen Betrieb aufnimmt.

Bei derzeit rund 250 000 Bänden und über 200 laufenden Fachzeitschriften gewährleistet die Bibliothek des MGFA mit jährlich etwa 4000 Neuerwerbungen Zugang zum aktuellen Stand der militärgeschichtlichen Forschung.

So wichtig Neuerscheinungen auch sind, die bibliophile Attraktivität der Bibliothek liegt für viele Nutzer mehr in ihren historischen Beständen. Durch gezielte Ankäufe aus Antiquariaten, Übernahme von privaten oder öffentlichen Bibliotheken, von Nachlässen und Erhalt von Schenkungen konnte das MGFA in den vergangenen Jahrzehnten eine beeindruckende Sammlung von besonders alter, seltener und wertvoller militärgeschichtlicher Literatur zusammentragen.

In diesem Zusammenhang sind vor allem die einzigartigen Nachlässe von Herbert Knötel d.J. (1893 bis 1963) sowie von Hans Bleckwenn (1912 bis 1990) zu nennen, die die Bibliothek mit zahlreichen Kostbarkeiten bereichert haben. Eine eigene Rara-Abteilung bemüht sich um die pfleglich zu behandelnden Bände aus dem 16. und 17. Jahrhundert, darunter auch zahlreiche Handschriften.

Ich freue mich, dass das MGFA mit der vorliegenden Schrift aus der Feder von Dr. Martin Meier einen ersten Überblick über den Bestand an historischen Handschriften in der Bibliothek des Forschungsamtes veröffentlichen kann. Der Verfasser war von 2003 bis 2005 wissenschaftlicher Mitarbeiter des MGFA und hat in dieser Zeit neben dem Abschluss seiner Dissertation über Nordvorpommern unter dänischer Verwaltung (1715–1721) auch dieses Manuskript verfasst. Sein Werk bietet neben einem kompakten Abriss der Geschichte der MGFA-Bibliothek auch einen anregenden Einblick in ausgewählte Handschriften und handschriftliche Zeugnisse aus deren Sammlung.

Für das Zustandekommen des vorliegenden Wegweisers in Entwicklung und Bestand der MGFA-Bibliothek habe ich vor allem dem Verfasser Dank zu sagen.

Darüber hinaus haben aus der Schriftleitung des MGFA Wilfried Rädisch (Lektorat), Antje Lorenz und Carola Klinke (Textgestaltung) sowie Maurice Woynoski (Layout) die Drucklegung unterstützt.

Ihnen allen danke ich für das gezeigte Engagement bei der Erstellung dieser Schrift, der ich eine große Verbreitung wünsche.

Dr. Hans Ehlert
Oberst und Amtschef
des Militärgeschichtlichen Forschungsamtes

»Nur die Schrift allein bewahret die köstlichen Gedanken der weisen Männer und die Aussprüche der Götter, ja selbst alle Philosophie und Wissenschaft und übergibt sie von Jahrhundert zu Jahrhundert den kommenden Geschlechtern.«
Diodorus Siculus [1]

I. Einleitung[2]

Voraussetzung jenes Bewahrens, des steten Vererbens »köstlicher Gedanken« ist die Liebe des Menschen zu eben jener Überlieferung. Erst sie gebiert die Forderung nach dem Erhalt einzigartiger Quellen. Wie viel interessante, reich ausgeschmückte Episoden bieten uns die überkommenen Bände der Weltgeschichte des großen hellenistischen Diodorus, genannt Siculus, und wie viel bleibt uns mit den verschollenen fünf Büchern seines opulenten Werkes auf immer verloren?

Ist der Erhalt überlieferter Buchkultur ohnehin Pflicht staatlicher Institutionen, so gebührt dem handschriftlichen Unikat zweifelsohne besondere Fürsorge.

Das Militärgeschichtliche Forschungsamt (MGFA), Potsdam, verfügt über einen kleinen und dennoch bemerkenswerten Bestand an Handschriften, der die Aufmerksamkeit eines breiten Publikums verdient.

Zwei Zielen dient dieser Beitrag. Zum einen gilt es, den Handschriftenbestand zu charakterisieren, seine Zusammensetzung zu präsentieren und dessen Bestandteile und Besonderheiten möglichst detailliert zu kennzeichnen. Andererseits sollen zugleich Perspektiven künftiger Nutzung aufgezeigt und Anregungen zum wissenschaftlichen Gebrauch handschriftlicher Überlieferung des MGFA gegeben werden.

Versteht der Laie unter dem Begriff »Handschrift« sämtliche von Hand verfertigten Texte, deren Originalfassung als Autograph, deren handschriftliche Abschrift als Manuskript bezeichnet werden, so findet hier doch fast[3] ausschließlich die engere bibliothekarische Definition Anwendung. Dementsprechend werden nachfolgend nur *gebundene* handschriftliche Quellen als Handschriften bezeichnet.

---

1 Zit. nach Harald Süß, Deutsche Schreibschrift, München 2002, S. 6.

2 Der besondere Dank des Verfassers gilt der Bibliotheksinspektorin Frau Gesine Elste, ohne deren Beratung die Publikation in dieser Form nicht entstanden wäre. Ich verdanke ihr wesentliche Hinweise zu den Beständen und weit hierüber hinausreichende Anregungen.

3 Ausnahmen: Sign. B 0104194 und 03 955 (beides eigentlich Akten). Näheres siehe ausführliche Darstellung im Abschnitt V.

Das MGFA verfügt über keinen geschlossenen Bestand[4]. Vielmehr verteilen sich die Manuskripte auf die einzelnen Sammlungen. Der unterschiedliche Grad der systematischen Erschließung und Katalogisierung führt dazu, dass bislang weder eine vollständige Einsichtnahme und Auswertung, noch die genaue quantitative Bestimmung möglich sind. Sowohl im Potsdamer Bestand als auch in den Sondersammlungen sind künftig noch weitere Handschriften zu erwarten.

Hier kann nur auf die in Potsdam beziehungsweise Strausberg liegenden Bestände eingegangen werden. Die Handschriften der ehemaligen Wehrbereichsbibliothek II bleiben also weitgehend ausgeklammert. Maschinenschriftlich erstellte Arbeiten, die bis jetzt keine Drucklegung erfuhren, bleiben ebenso unberücksichtigt.

Gleichwohl verfügt die Bibliothek auch in diesem Bereich über bemerkenswerte Werke, beispielsweise eine Abhandlung Georg Tessins über den Aufbau des dänischen Heeres im Zeitalter des Absolutismus[5]. Sie ist aufgrund der gewohnten Akribie ihres Verfassers und ihres Detailreichtums ein wertvolles Nachschlagewerk für das frühneuzeitliche dänische Militärwesen.

Dieser Band bietet lediglich einen ersten Versuch wissenschaftlicher Darstellung des Handschriftenbestandes der Bibliothek. Wichtige und interessante Forschungsfelder, wie die Einbandkunde oder die Provenienzforschung, bleiben weitgehend künftigen Arbeiten überlassen.

II. Entwicklung der Bibliothek des MGFA

Der Bestand in seiner heutigen Form basiert im Wesentlichen auf zwei umfangreichen und vier kleineren Sammlungen. So wurden in den 1990er Jahren die Freiburger Bestände des MGFA geschlossen an den neuen Standort Potsdam verbracht und hier mit dem Bestand der Bibliothek des Militärgeschichtlichen Institutes der NVA räumlich zusammengeführt. Die Katalogsysteme blieben zunächst getrennt und werden nun in elektronischer Form erfasst. Diesen beiden Hauptbeständen treten mit den Sondersammlungen »Bleckwenn« und »Burgsdorff« sowie den unter den Titeln »Korpsbibliotheken« und »Heeresbibliothek« firmierende Bestände zur Seite. Im Jahre 2003 gingen zudem sämtliche Medien der ehemaligen Wehrbereichsbibliothek II Hannover in den Besitz des MGFA über. Ein zwischen der Bundesrepublik und dem Land Niedersachsen geschlossener Vertrag

---

[4] Dementsprechend fand weder der Potsdamer, noch der Freiburger Handschriftenbestand Erwähnung in dem 1992 erschienenen Handbuch der Handschriftenbestände. Handbuch der Handschriftenbestände in der Bundesrepublik Deutschland. Hrsg. vom Deutschen Bibliotheksinstitut. T. 1. Bearb. von Tilo Brandis und Ingo Nöther, Wiesbaden 1992.

[5] Georg Tessin, Dänemarks Deutsche Regimenter, (masch.) o.O.o.J. (MGFA Sign. 5455).

schrieb den vorläufigen Verbleib dieser äußerst wertvollen Sammlung in der niedersächsischen Landesbibliothek fest. Sie wird als ständige »Leihgabe« des MGFA dort zu nutzen sein. Die ihr zugehörigen Bücher, Dokumente etc. werden mit einem entsprechenden Stempel versehen[6].

Sämtliche Sammlungen des MGFA sind relativ junge Konglomerate von Buchbeständen unterschiedlichster Herkunft. Im Hinblick auf jene zersplitterte Provenienzstruktur stellt die Bibliothek keinen Sonderfall dar[7]. Das deutsche Militärbibliothekswesen ist seit seiner Entstehung im beginnenden 18. Jahrhundert immer wieder Umbrüchen ausgesetzt gewesen. Die Jahreszahlen 1806/07[8], 1918[9] und 1945[10] markieren Zäsuren, die Spuren in allen Militärbibliotheken hinterließen.

Da die Entwicklung der einzelnen Bestände des MGFA andernorts bereits mehrfach beleuchtet wurde, genügt an dieser Stelle ein knapper Überblick[11].

1. Der Freiburger Bestand

Der Freiburger Bestand wurde systematisch nach Gründung der Militärgeschichtlichen Forschungsstelle in Langenau bei Ulm aufgebaut. Er basiert also nicht auf einer oder mehreren geschlossenen Bibliotheken. Ältere Buchbestände mussten dementsprechend durch Kauf oder Schenkung erworben werden. So konnten Teile der Offizierbibliothek des Königlich Bayerischen 1. Schweren Reiterregimentes, Bücher aus dem kriegsgeschichtlichen Seminar der Universität Heidelberg, aus der Marineakademie Kiel, aus den Lese- und Erholungsgesellschaften Bonn, aus dem österreichischen Staatsarchiv Wien, wie auch aus der königlichen Kriegsschule Stockholm übernommen werden. Hinzu traten private militärgeschichtliche Büchersammlungen.

---

6 Thomas Fuchs und Ulrich Kandolf, Die Wehrbereichsbibliothek II (Hannover) in der Niedersächsischen Landesbibliothek. In: Militär und Gesellschaft in der Frühen Neuzeit, 8 (2004), S. 169–176, hier: S. 173 f.

7 Beispiele für Herkunft und Bestandsentwicklung bei: Hans-Joachim Kiefert, Zur Geschichte der Militärbibliotheken in Hannover. In: Hannoversche Geschichtsblätter, 17 (1963), S. 282–324, hier: 284 f.

8 Otto Basler, Wehrwissenschaftliches Schrifttum im 18. Jahrhundert, Berlin 1933, S. 49.

9 Stuhlmann bietet einen Überblick über sämtliche vor dem Ersten Weltkrieg bestehenden Militärbibliotheken und ihren Verbleib. Friedrich Stuhlmann, Das Schicksal der deutschen Militärbibliotheken nach dem Krieg 1914–18. In: Zentralblatt für Bibliothekswesen, 46 (1929), S. 339–350, hier: S. 341 f.

10 Hierzu: Hans-Joachim Genge, Zum Verbleib militärischer Bibliotheken nach dem Zweiten Weltkrieg. In: Militärgeschichtliche Mitteilungen, 58 (1999), S. 529–547.

11 Die folgende Darstellung beruht weitgehend auf: Luitger Dietze und Renate Stang, Bibliothek des Militärgeschichtlichen Forschungsamtes. In: Handbuch der historischen Buchbestände in Deutschland. Hrsg. von Bernhard Fabian, Bd 16: Mecklenburg-Vorpommern, Brandenburg. Hrsg. von Friedhilde Krause, Hildesheim 1996, S. 376–380.

2. Der Potsdamer Bestand

Im Jahre 1954 erfolgte die Gründung der Kriegsgeschichtlichen Forschungsanstalt[12] an der Hochschule für Offiziere der Kasernierten Volkspolizei, die bereits begann, einen kleinen Bestand aufzubauen, der 1958 in die Bibliothek des neu geschaffenen Instituts für Deutsche Militärgeschichte überführt wurde. Wie in Freiburg, so konnte auch in Potsdam nicht auf einen größeren Bestand zurückgegriffen werden. Aus diversen aufgelösten Behörden und ehemaligen Militärbibliotheken stammte der Grundstock der neuen Bibliothek. In ihr fanden sich auch Bücher wieder, die aufgrund ihres »nationalsozialistischen und militaristischen Charakters« durch den Kontrollratsbefehl Nr. 4 aus den deutschen Büchereien zu entfernen waren[13].

In der Folgezeit konnte die Bibliothek beinahe sämtliche militärgeschichtliche Neuerscheinungen der DDR und zahlreiche der Ostblockstaaten erwerben. Neben der guten finanziellen Ausstattung kam ihr hierbei die Kooperation mit dem Berliner Militärverlag zustatten, der regelmäßig Pflichtexemplare militärhistorischer Publikationen lieferte. Mittelkürzungen bewirkten ab 1990 eine Einschränkung der Beschaffungen und bereits im folgenden Jahr die gänzliche Einstellung des Erwerbs. Trotz der Auflösung des Militärgeschichtlichen Institutes am 31. Dezember 1992 blieb der Bestand geschlossen erhalten und konnte 1994 in die Bibliothek des MGFA integriert werden[14].

Die von Renate Stang im Handbuch der Historischen Buchbestände beschriebene[15] Sondersammlung der früheren Abteilung Militärgeschichte der Akademie der Wissenschaften der DDR ist mittlerweile aufgelöst. Sie wurde teilweise in den Hauptbestand des MGFA integriert.

3. Sammlung Bleckwenn

Von besonderer Bedeutung für den Ausbau der alten Bestände war die 1990 getätigte Schenkung der Privatbibliothek Dr. Hans Bleckwenns[16], eines Arztes und

---

[12] Zur Kriegsgeschichtlichen Forschungsanstalt: Thorsten Diedrich und Rüdiger Wenzke, Die getarnte Armee. Geschichte der Kasernierten Volkspolizei der DDR 1952–1956. Hrsg. vom MGFA, Berlin 2001 (= Militärgeschichte der DDR, 1), S. 456–458.

[13] Für das Gebiet der Bundesrepublik wurde der Konrollratsbefehl Nr. 4 durch das Gesetz Nr. 16 der Alliierten Hohen Kommission für Deutschland vom 16. Dezember 1949. AHK Gesetz Nr. 16. In: Ruth Hemken, Sammlung der vom Alliierten Kontrollrat und der Amerikanischen Militärregierung erlassenen Proklamationen, Gesetze, Verordnungen, Befehle, Direktiven, Bd 3, Stuttgart o.J. (ohne Seitenzählung).

[14] Dietze/Stang, Bibliothek (wie Anm. 11), S. 377.

[15] Ebd., S. 379.

[16] Als Sohn eines sächsischen Offiziers erblickte Hans Adolf Hoffmann am 15.12.1912 in Leipzig-Gohlis das Licht der Welt. Nach dem 1931 vollendeten Abitur studierte er zunächst Jura, dann Medizin in Freiburg und Jena. 1938 vermählte er sich mit Dr. Ilse Bleckwenn, deren Namen er seinem eigenen beifügte. In den Jahren des Krieges arbeitete Bleckwenn als Arzt in Jena und Gera und wurde 1946 als Facharzt eingestellt. 1951 von der HVA/KVP übernommen, versah er als

bekannten Heereskundlers. Bleckwenns Sammlung wird erst seit etwa vier Jahren systematisch erschlossen und für die wissenschaftliche Nutzung aufbereitet. Aus diesem Grunde sind auch, ähnlich wie im Potsdamer Bestand, weitere Handschriftenfunde nicht auszuschließen. Von den etwa 9000 Titeln der Sammlung Bleckwenn stammen cirka 1000 Werke aus dem 18. Jahrhundert[17]. Die Sammlung bietet hervorragende Möglichkeiten zur vergleichenden Forschung, denn sie stellt den »wohl geschlossensten, privaten Bestand«[18] zum altpreußischen Heerwesen dar und enthält zudem viele Bücher, Aufsätze und Dokumente über andere europäische Armeen, über Kolonien und Marinen. Die nun in Strausberg lagernden Bücher und Dokumente des MGFA stellen jedoch nur einen Teil der Sammlung des rührigen Heereskundlers dar. Der weitaus größte Teil seines Bildarchivs[19] liegt im Wehrgeschichtlichen Museum in Rastatt. Es umfasste bereits 1975 nach Bleckwenns Angaben mehr als 50 000 Abbildungen[20].

4. Burgsdorffsammlung

Im Jahre 1958 erwarb die Zentralbibliothek der Bundeswehr die Privatbibliothek der Familie von Burgsdorff mit etwa 1700 Titeln. Sie lagert heute in der Bibliothek der Akademie der Bundeswehr für Information und Kommunikation in Strausberg, gehört jedoch zum MGFA-Bestand. In der Sammlung befinden sich zahlreiche Werke aus dem 16.–18. Jahrhundert. Besonders bemerkenswert ist der inhaltliche und der sprachliche Schwerpunkt jener Altbestände. Im Gegensatz zu den anderen sind 60 Prozent in fremden Sprachen verfasst. Die Ausrichtung auf militärtechnische und festungsbauliche Literatur verleihen der Sammlung zusätzlichen wissenschaftlichen Wert.

Oberstleutnant (1953) im Tbc-Lazarett Klietz seinen Dienst. Wegen seiner heereskundlichen Kenntnisse nutzten das Museum für Deutsche Geschichte und später die NVA ihn als Sachverständigen. 1955 wechselte Bleckwenn von der KVP zum Gesundheitswesen der DDR und erhielt zunächst eine Stelle als Oberarzt im TBC-Forschungsinstitut Berlin-Buch. Am 12.8.1961 begab sich Bleckwenn in den Westen Deutschlands und arbeitete dort als Arzt, später als Lektor beim Biblio-Verlag in Osnabrück. Dort wurde ihm 1988 gekündigt. Am 10.7.1990 verstarb er. Anja Krüger, Hans Bleckwenn – Arzt und Militärhistoriker. Eine deutsche Biographie, unveröffentl. Diplomarbeit, Potsdam 2004, S. 10–37.

17 Hauke Schröder, Historische Literaturbestände in Bibliotheken der Bundeswehr – Bestandsaufnahme und Zukunftskonzeption, unveröffentl. Magisterarbeit, Potsdam 2004, S. 29.

18 Ebd.

19 Teile des Bildarchives befinden sich grob sortiert im MGFA. Es handelt sich um fototechnisch nicht sonderlich hochwertiges Material. Bleckwenn sprach im Zuge seiner Uniformkunde bei vielen Herrenhäusern vor und fotografierte »unifomierte Ahnen« von Gemälden ab.

20 Bereits in seiner Kindheit begann Bleckwenn Material über heeresgeschichtliche Themen zusammenzutragen. Seine Sammlung erfuhr nach 1945 erhebliche Erweiterung durch die 1950 erteilte Erlaubnis des leitenden Archivars der DDR, Otto Korfes, militärhistorisches Material zu sichten und zu sichern, das unter den Kontrollratsbefehl Nr. 4 fiel. Zu Entwicklung und Umfang der Sammlung: Krüger, Hans Bleckwenn (wie Anm. 16), S. 46–52.

5. Heeresbücherei

Im Jahre 2003 wurden etwa 250 Bände der verschollenen ehemaligen Heeresbücherei unmittelbar in den Bestand des MGFA überführt. Sie firmieren hier unter dem Titel »Heeresbücherei«. Zwar stammen jene Dokumente zu einem großen Teil aus der 1919 gegründeten und in den Wirren des Krieges untergegangen zentralen wehrwissenschaftlichen Bibliothek[21], doch befinden sich auch neuere Bücher unter ihnen. In dieser sehr kleinen und dennoch wertvollen »Sammlung« sind neben bemerkenswerten Werken des 17. Jahrhunderts auch einige hervorragende Handschriften enthalten.

6. Korpsbibliotheken

Im Zuge der Neuordnung des Bibliothekswesens der Bundeswehr wurde die Düsseldorfer Zentralbibliothek ab 1993 mit den Beständen der Militärbibliothek der DDR vereinigt. Es entstand vorübergehend die »Militärbibliothek Dresden«. Sie zog 1998 nach Strausberg um und führt seitdem den Namen »Bibliothek und Fachinformationsstelle der Akademie der Bundeswehr für Information und Kommunikation«[22] Teile der »Militärbibliothek Dresden« gehören dem MGFA und firmieren hier unter der Bezeichnung »Korpsbibliotheken«.

Dieser Bestand ist vollständig katalogisiert. Er enthält nach derzeitigem Kenntnisstand nur eine Handschrift[23], die jedoch für die Operationsgeschichte des Krieges in Spanien 1808–1813 von Wert sein könnte.

---

21 Zur Geschichte der Deutschen Heeresbücherei: Reinhold Werner Weber, Die Entwicklung der deutschen Militärbibliotheken. Mit einer Darstellung der Wehrbereichsbibliothek V in Stuttgart zur Erläuterung des Bibliothekssystems der Bundeswehr, Köln 1979, S. 45–53; Friedrich Christian Stahl, Das militärische Bibliothekswesen. Einige Notizen zu seiner Geschichte und seinen Aufgaben. In: Wehrkunde, 10 (1961), H. 9 (Sonderdruck), S. 1–10, hier: 7–9; Genge, Zum Verbleib (wie Anm. 10), S. 530–547.

22 Schröder, Historische Literaturbestände (wie Anm. 17), S. 18.

23 Schlachten in Spanien 1808–1813 (Sign. 90/005).

III. Umfang und Bedeutung der »Handschriftensammlung«

Der Aufbau und Umfang der beiden Hauptbestände und der Sammlung Bleckwenn ist an anderer Stelle hinreichend beschrieben[24], so dass hier kurze aktualisierende Ausführungen genügen.

Insgesamt sind derzeit (Stand: 23.1.2007) 152 325 Exemplare in elektronischer Datenbank erfasst und durch die Nutzer in der Bibliothek computergestützt recherchierbar.

Wesentliche bestandsgeschichtliche Umbrüche vollzogen sich in den Jahren 2004/05. Hierzu zählt die bereits erwähnte »Übernahme« der Wehrbereichsbibliothek II Hannover und die Überführung eines kleineren, aber wertvollen Bestandes nach Potsdam ebenso wie die 2004 vollzogene Entscheidung über den Umbau der Potsdamer Bibliothek. Zum Jahresende 2004 erfolgte die vollständige Verlagerung des Bestandes des ehemaligen Militärgeschichtlichen Institutes der NVA und der Sammlung Bleckwenn nach Strausberg. Dort wurden deren Bücher und Dokumente im Sondermagazin des MGFA beziehungsweise in zugewiesenen Regalreihen des »normalen« Magazins der Bibliothek der Akademie der Bundeswehr für Information und Kommunikation aufgestellt. Nach wie vor lagern im Potsdamer Bestand zahlreiche Bücher, die ein Erscheinungsjahr vor 1850[25] aufweisen und die nicht gesondert als Rara Aufstellung fanden. Hierunter dürften auch einige Handschriften ihrer Entdeckung harren. Nach gegenwärtigem Kenntnisstand befinden sich 209 Handschriften[26] im Besitz der Bibliothek des MGFA. Hiervon verbleiben 120 in der Niedersächsischen Landesbibliothek als Leihgabe. Betrachtet werden hier nur die in Potsdam und Strausberg liegenden 89 Manuskripttitel. Sie verteilen sich nahezu paritätisch auf die oben geschilderten sechs Bestände beziehungsweise Sammlungen. Die graphische Darstellung verdeutlicht somit den erheblichen Wert der drei Sondersammlungen. Ist ihr Anteil an der Gesamtmedienzahl der Bibliothek verschwindend gering, so befinden sich in ihnen doch etwa die Hälfte aller bekannten Handschriften. Wird nun die Anzahl der Bände mit in die Betrachtung einbezogen, so wird dieses Verhältnis noch deutlicher. Von den 104 Handschriftenbänden gehören 48 Prozent der Bleckwenn-, der Burgsdorffsammlung oder der Heeresbücherei an.

Die Handschriften wurden in vier Sprachen verfasst. Der weitaus größte Teil entfällt auf Deutsch (75 Titel), gefolgt von Französisch (11 Titel), Italienisch (2 Titel) und Niederländisch (1 Titel).

---

[24] Dietze/Stang, Bibliothek (wie Anm. 11), S. 378 f.

[25] Schröder setzt in Anlehnung an das Projekt Bestandserhaltung jene Jahreszahl als Endpunkt einer möglichen Definition für »historische Literaturbestände«. Schröder, Historische Literaturbestände (wie Anm. 17), S. 9.

[26] Diese Zahl setzt sich aus der vom Verfasser in Potsdam und Strausberg ermittelten Menge von 89 Handschriften und der von Fuchs und Kandolf angegebenen Zahl von *etwa* 120 Handschriften der ehemaligen Wehrbereichsbibliothek II zusammen. Vgl. Fuchs/Kandolf, Die Wehrbereichsbibliothek II (wie Anm. 6), S. 174.

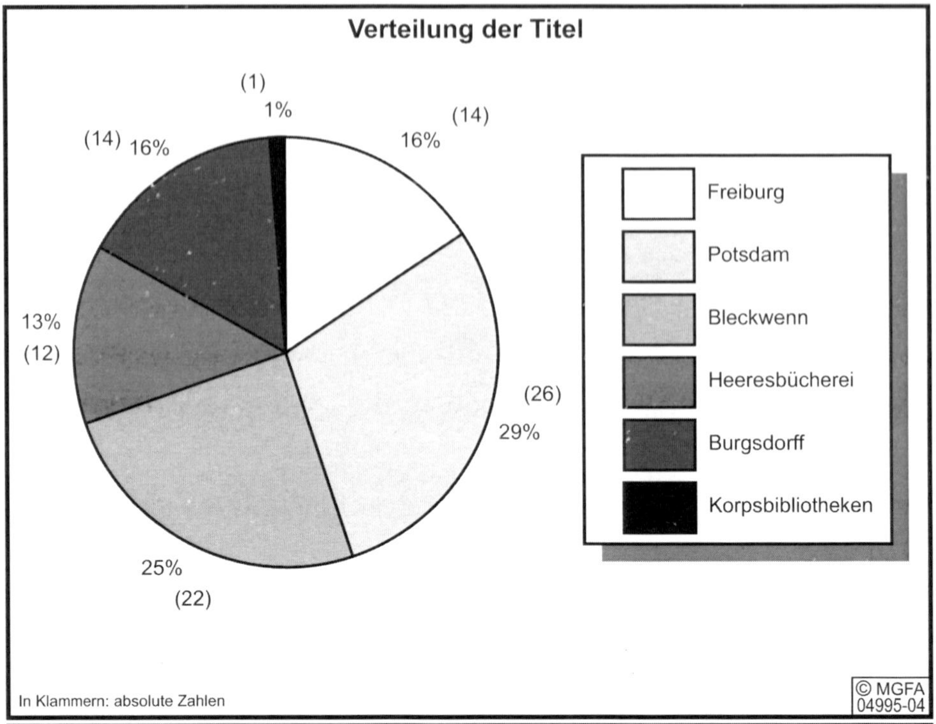
Verteilung der Titel
(1)
1%
(14)
16%
(14) 16%
13%
(12)
(26)
29%
25%
(22)
Freiburg
Potsdam
Bleckwenn
Heeresbücherei
Burgsdorff
Korpsbibliotheken
In Klammern: absolute Zahlen
© MGFA
04995-04

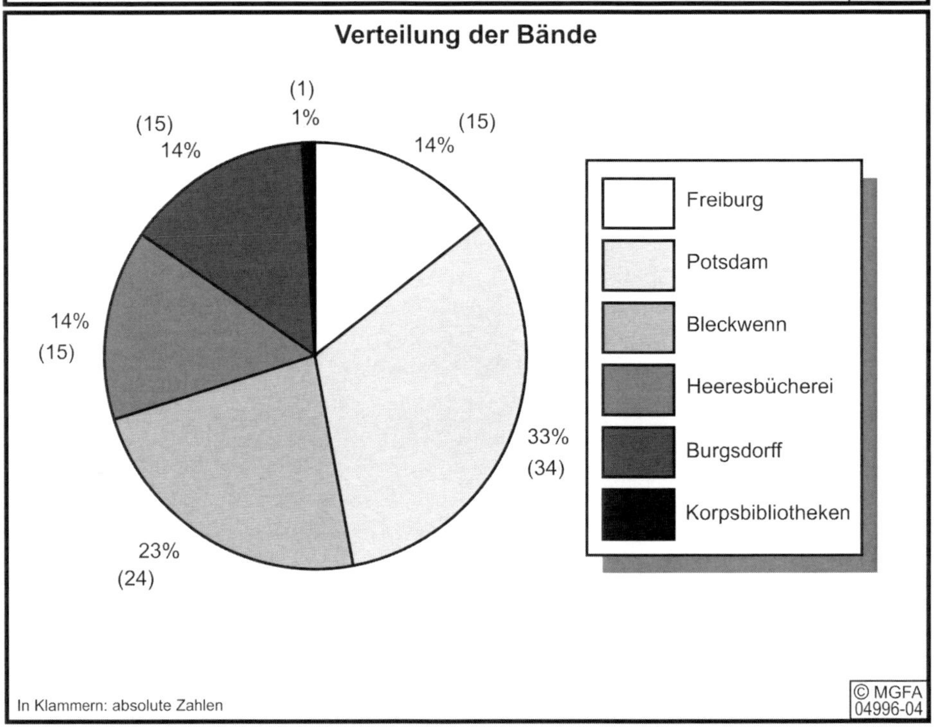
Verteilung der Bände
(1)
1%
(15)
14%
(15)
14%
14%
(15)
33%
(34)
23%
(24)
Freiburg
Potsdam
Bleckwenn
Heeresbücherei
Burgsdorff
Korpsbibliotheken
In Klammern: absolute Zahlen
© MGFA
04996-04

Werden die Entstehungszeiträume betrachtet, so bilden das 18. und das 19. Jahrhundert zusammen mit etwa 70 Titeln den eindeutigen Schwerpunkt. Aus dem 20. Jahrhundert beherbergt die Bibliothek des MGFA nur 15, aus dem 17. Jahrhundert nur 1 Titel.

Diese rein quantitativen Betrachtungen sagen wenig über den Wert der Manuskripte. Hier finden sich in allen sechs Beständen/Sammlungen Raritäten von herausragender Bedeutung.

Die zweifelsohne wertvollste handschriftliche Überlieferung stellt die von Christoph Heer[27] erarbeitete *Ubersicht gegenwärtiger FestungsAbrisse*[28] von 1693 dar. Heer malte im Auftrag seines Fürsten, Johann Georg IV.[29] Herzog zu Sachsen farbige Aufrisse und Ansichten europäischer Festungen mit großer Liebe zum Detail. Das schöne Buch gehört zum *Potsdamer Bestand* und böte sich zum Reprint an.

Tempelhoff's *Manuskripte über den Siebenjährigen Krieg*[30] befinden sich ebenso im Bestand »*Heeresbücherei*«, wie auch Carl von Clausewitz' *Notizen über den Generalstabsdienst*[31], und Vorlesungsmitschriften von dessen *Notizen über den Kleinen Krieg*[32]. Bemerkenswert sind gleichfalls *Vorlesungen des Obristen von Scharnhorst zu Berlin im Winter von 1804 bis 1805*[33] und Abschriften der Briefe Helmuth Karl Bernhard von Moltke's an seine Frau[34]. Sie stammen aus der Hand des Generals selbst und vermitteln Einblicke in Moltke's Aufenthalt in Russland.

In der *Sammlung Bleckwenn* ist die Arbeit des bekannten sächsischen Militärschriftstellers Johann Gottlieb Tielke *Unterricht für die Officiers* [35], in der *Burgsdorff Sammlung* die niederländische fortifikatorische Schrift *Architectura militaris*[36] beachtenswert.

Neben Handschriften im eigentlichen Sinne und brieflichen Überlieferungen verfügt das MGFA noch über eine weitere, bislang kaum genutzte Quellenform.

---

27 Christoph Heer (1637–1701) kurfürstlich-sächsischer Hauptmann und Ingenieur. Er publizierte Ende des 17. Jahrhunderts einige bekannte Festungswerke, beispielsweise: *Speculum artis muniendi lucidissimum*, das *ist*: *Hell-leuchtender Fortifications-Spiegel*, In *welchem* der *eigentliche Ursprung* des *Festungs-Baues* und *Desselben rechtmäßige Defension* [...] *klärlich* zu *sehen* [...] aus den *Mathematischen Fundamenten ausgearbeitet* [...], Leipzig: Lanckisch 1694; *Theoria* et *praxis artis muniendi modernae*, Das *ist*: *Kunstmässige Hand-Grieffe* und *Anweisung* der *vierfachen Fortification* [...], Frankfurt a.M. 1689. In der in Strausberg untergebrachten Burgsdorffsammlung befindet sich Heers »Theoria et praxis artis muniendae modernae« aus dem Jahre 1689.

28 Sign. 56 641, siehe Kap. V, Nr. 11.

29 Johann Georg IV. (1668–1694) galt als geistvoller sächsischer Fürst.

30 Während seine ungedruckte Handschrift »Taktik«, die ebenfalls zur Wehrbereichsbibliothek II gehörte, in der Niedersächsischen Landesbibliothek verblieb. Fuchs/Kandolf, Die Wehrbereichsbibliothek II (wie Anm. 6), S. 174.

31 Carl von Clausewitz, Notizen über den Generalstabsdienst [...]: aus den Vorträgen des Generals v. Clausewitz 1811–1812 (Sign. 90/568).

32 Carl von Clausewitz, Notizen über den Kleinen Krieg: vorgetragen vom Major Carl von Clausewitz im Winter von 1811 bis 1812 aufgezeichnet von G.W. v. Brühl (Sign. 90/567).

33 Gerhard von Scharnhorst, Vorlesungen des Obristen von Scharnhorst zu Berlin im Winter von 1804 bis 5 (Sign. 90/579).

34 Helmuth Karl Bernhard von Moltke, Briefe aus Russland, 15. Aug.–September 1856 (Sign. 90/012).

35 Sign. B 0100479, siehe Kap. V, Nr. 24.

36 Architectura militaris, dat is fortificatie ofte wetenschap van sterckte bouwing (Sign. G 207465).

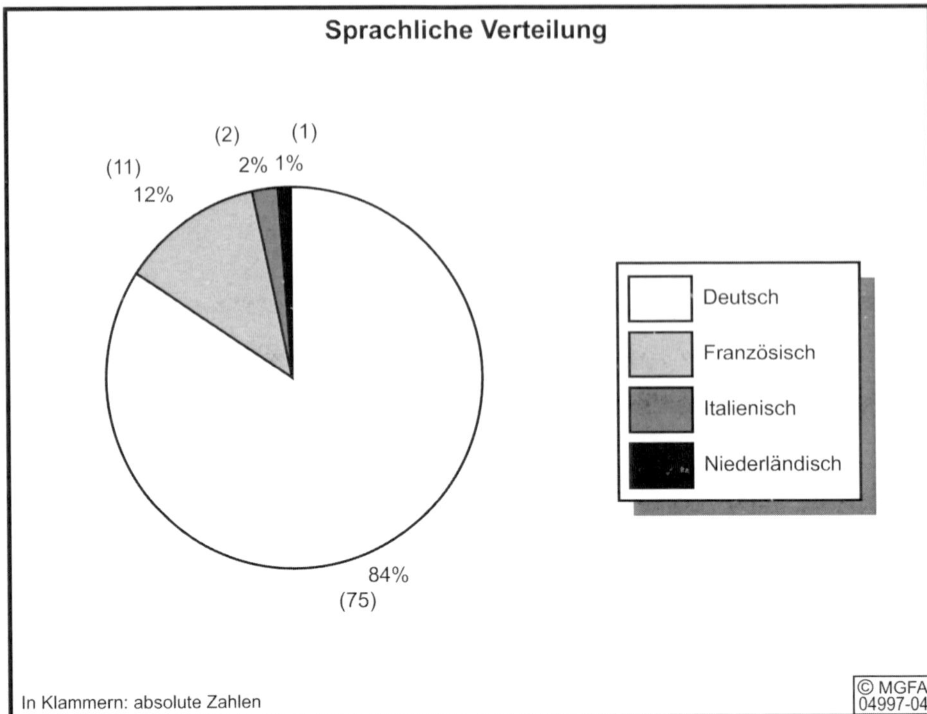
Sprachliche Verteilung
(2)
(1)
(11)
2% 1%
12%
Deutsch
Französisch
Italienisch
Niederländisch
84%
(75)
In Klammern: absolute Zahlen
© MGFA
04997-04

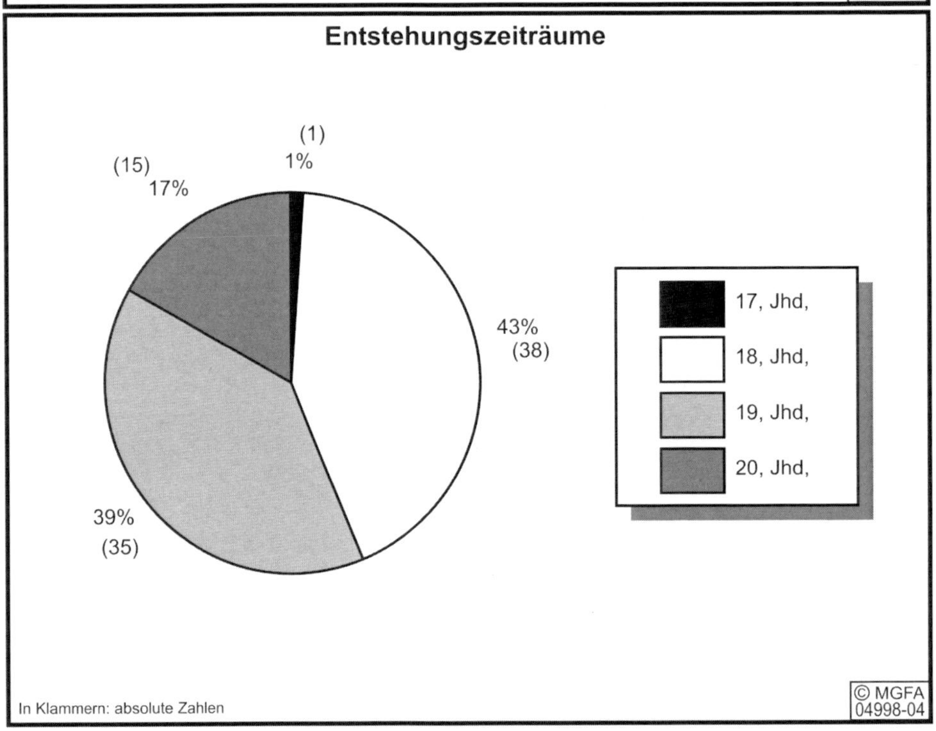
Entstehungszeiträume
(1)
(15)
1%
17%
43%
(38)
17, Jhd,
18, Jhd,
19, Jhd,
20, Jhd,
39%
(35)
In Klammern: absolute Zahlen
© MGFA
04998-04

In gedruckten Werken des 18. und 19. Jahrhunderts, insbesondere in solchen, die der militärischen Unterweisung dienten, wurden oftmals von Verlagen leere Seiten mit eingebunden. Sie ermöglichten dem Leser eigene Bemerkungen. Jeder »normalen« bedruckten Seite ist eine Notizblatt beigefügt. Die dort verzeichneten Anmerkungen sind mitunter durchaus interessant, da sie beinahe immer Erweiterungen und Beispiele zum Text bieten oder bisweilen auch Erlebtes wiedergeben. Wie viele dieser handschriftlich erweiterten Bücher das MGFA besitzt, ist gänzlich ungeklärt. Unter den vom Verfasser gefundenen Werken dürfen hier das unter der Signatur 42 377 verzeichnete Exemplar von Mauvillons *Einleitung in sämmtliche militärischen Wissenschaften*[37] und das unter der Signatur 42 032 erfaßte *Exercier-Reglement für die Herzogl. Sachs.Coburg-Gothaische Infanterie*[38] genannt werden. Für das 20. Jahrhundert existieren gleichfalls derartige Hybride zwischen Handschrift und gedrucktem Werk[39].

IV. Möglichkeiten wissenschaftlicher Nutzung

1. Überblick

Die vorstehenden Ausführungen zeigen den Grad der Heterogenität der Handschriften des MGFA. Auf sämtliche Bestände verteilt, von stark ausdifferenzierter Provenienzstruktur gekennzeichnet und unterschiedlichsten Quellenarten zuzuordnen, führen sie schnell zur Frage möglicher Nutzbarkeit durch die Forschung. Natürlich können an dieser Stelle nur einige wenige Perspektiven genannt werden. Letztlich spiegeln sie bei allem Bemühen um Objektivität doch nur einige Ideen des Verfassers.

Die moderne Militärgeschichtsschreibung setzt seit Jahren im verstärkten Maße auf eine intensive Erforschung des Beziehungsgeflechtes zwischen Armee, Staat und Gesellschaft und akzentuiert besonders sozialgeschichtliche Aspekte[40]. So

---

[37] Neben zahlreichen interessanten Notizen enthält das Buch auch eine humoristische Skizze, die zeigt, dass sich Offizieranwärter auch damals keineswegs nur in den Lehrstoff vertieften. J[acob] Mauvillon, Einleitung in die sämmtlichen militärischen Wissenschaften für junge Leute, die bestimmt sind als Offiziers bey der Infanterie und Kavallerie zu dienen, Braunschweig 1784.

[38] Das Buch trägt den durchgestrichenen Stempel der herzoglichen Bibliothek Gotha. Exercier-Reglement für die Herzogl. Sachs.Coburg-Gothaische Infanterie Erste Abtheilung, Coburg 1829.

[39] Beispielsweise: Mon Journal pendant la guerre 1914–1915: cartes au jour le jour pour marquer soi-même les opérations, éphémérides et journal (Sign. 44 523).

[40] Zu den Entwicklungstendenzen in der Militärhistoriographie: Jutta Nowosadtko, Krieg, Gewalt und Ordnung. Einführung in die Militärgeschichte, Tübingen 2002; Klio in Uniform? Probleme und Perspektiven einer modernen Militärgeschichte der frühen Neuzeit. Hrsg. von Ralf Pröve, Köln, Weimar, Wien 1997; Bernhard R. Kroener, Militär in der Gesellschaft. Aspekte einer neuen

nimmt es wenig Wunder, dass Aspekte der Einquartierung in der frühneuzeitlichen Forschung zunehmend Beachtung finden[41], bildete die »von Bürger und Soldat gemeinsam genutzte Stube« doch »den intimsten Schnittpunkt von militärischer und städtischer Welt«[42]. Einige Handschriften, wie *Unterricht woraus die Hanoverischen Truppen zu Friedens-Zeit*[43] bestehen oder *Friedrich II. Cabinets-Ordres betr. Einquartierung*[44] vermitteln interessante Einblicke in jenes Themenfeld und können sozialgeschichtliche Arbeiten durchaus bereichern.

Auf die Perspektiven einer intensiven Beschäftigung mit operationsgeschichtlichen Fragen wird im nächsten Abschnitt noch ausführlich hinzuweisen sein. Einige Handschriften bieten hier geeignete Verknüpfungspunkte zur allgemeinen politischen Geschichte, etwa *Tempelhoffs Manuskripte* oder die *Abschriften des Journals vom 7jährigen Krieg von Friedrich Wilhelm von Gaudi*[45].

Friedrich II. von Preußen, der sich selbst intensiv mit Operationsgeschichte befasste und die Kenntnis militärhistorischer Werke in seinem Heere förderte, stand jedoch preußischen Offizieren, die sich auf diesem Gebiete schriftlich zu betätigen gedachten, äußerst skeptisch gegenüber[46]. Folgt man Peball, so gipfelte jene Abneigung des Monarchen schließlich sogar in einem Verbot, sich mit Operationsgeschichte zu befassen[47]. Erstere resultierte letztlich aus den mathematischen Axiomen und Ritualen, die in jener Zeit die Kriegführung bestimmten. Insofern stellen Tempelhoffs Manuskripte zur Geschichte des Siebenjährigen Krieges besonders

---

Militärgeschichte der Frühen Neuzeit. In: Was ist Militärgeschichte? Hrsg. von Thomas Kühne und Benjamin Ziemann, Paderborn, München, Wien, Zürich 2000, S. 283–299.

41 Stellvertretend: Ralf Pröve, Der Soldat in der »guten Bürgerstube«. Das frühneuzeitliche Einquartierungssystem und die sozioökonomischen Folgen. In: Krieg und Frieden. Militär und Gesellschaft in der Frühen Neuzeit. Hrsg. von Bernhard R. Kroener und Ralf Pröve, Paderborn, München, Wien, Zürich 1996, S. 191–217; Ralf Pröve, Stehendes Heer und städtische Gesellschaft im 18. Jahrhundert. Göttingen und seine Militärbevölkerung 1713–1756, München 1995, S. 203–233.

42 Ralf Pröve, Dimension und Reichweite der Paradigmen »Sozialdisziplinierung« und »Militarisierung« im Heiligen Römischen Reich. In: Institution, Instrumente und Akteure sozialer Kontrolle und Disziplinierung im frühneuzeitlichen Europa. Hrsg. von Heinz Schilling, Frankfurt a.M. 1999, S. 65–85, hier: S. 74.

43 Unterricht woraus die Hanoverischen Trouppen zu Friedens-Zeit bestehen wie Sie alsdann Mit Gage, Portionen, Rationen, Quartiere und Montirung versehen werden auch was ihnen vor Abzüge von der Gage geschehen, und wie es dabay mit dem Avancement, Verabscheidung und Beurlaubung gehalten wird (Kopie; Sign. B 0100911.1).

44 Friedrich II. Cabinets-Ordres betr. Einquartierung 1749–1754 (Sign. B 0102009).

45 Friedrich Wilhelm Ernst Freiherr von Gaudi war Flügeladjutant Friedrichs II. in Preußen. Ab 1996 erschien im Lit-Verlag eine Übertragung des Journals von Gaudi. Grundlage bildete die im MGFA liegende Abschrift. Der Herausgeber Jürgen Ziechmann äußert die Ansicht, dass die Abschrift etwa zwischen 1830 und 1840 entstanden sein könnte. Abschriften des Journals vom 7jährigen Krieg von Gaudi (Sign. 42 909–42 917); Jürgen Ziechmann, Journal vom Siebenjährigen Kriege von Friedrich Wilhelm Ernst Freiherr von Gaudi, Bd 1: 1756. Bearb. von Georg Ortenburg, Buchholz 1996, S. 7 f.

46 Basler, Wehrwissenschaftliches Schrifttum (wie Anm. 8), S. 50–52, 58.

47 Kurt Peball, Vorwort. In: Georg Friedrich von Tempelhof, Geschichte des Siebenjährigen Krieges, 6 Bde, Neudr. der Ausg. Berlin 1783–1801, Osnabrück 1977 (= Bibliotheca Rerum Militarium, 29), S. V–XLVIII, hier: S. VI.

wertvolle Handschriften dar, bezeugen sie doch die Vorarbeiten zu einem der ersten operationsgeschichtlichen Werke, die in Preußen erschienen.

Während Politikgeschichte und Kriegsgeschichte seit Jahrzehnten zweifelsohne an Boden gegenüber Kultur-, Alltags-, Geschlechter- und Sozialgeschichte einbüßten, erfreuen sich doch biographische Forschungen nach wie vor hohen Interesses[48]. Hauke Schröder weist in seiner Magisterarbeit zu Recht auf den Wert von Ranglisten hin. Er betont, dass zwar derartige Schriften für das 19. und 20. Jahrhundert weit verbreitet seien, es jedoch an vergleichbaren Werken für das 18. Jahrhundert mangele[49]. Das MGFA verfügt über zahlreiche Ranglisten des 18. und beginnenden 19. Jahrhunderts, nicht nur in der von Schröder besonders hervorgehobenen Bleckwenn-Sammlung. Die *Rangliste Derer sämtlichen Herren Generals und Staabs-Officiers*[50] und das kleine handgeschriebene Büchlein *Im Winter 1804/5*[51] dürfen hier beispielhafte Erwähnung finden. Aber auch der *Etat der General-Kriegs-Kasse von 1794/95*[52] überliefert vielfältige Informationen über die Zusammensetzung des preußischen Offizierkorps.

Widmet sich die Forschung militärpädagogischen Fragen, so geschieht dies häufig mit dem Blick auf die Offizierausbildung[53]. Wie aber stand es um die fachliche Schulung der Untergebenen? Einblicke in die Ausbildung von Unteroffizieren und Mannschaften zu unterschiedlichsten Zeiten deutscher Militärgeschichte vermitteln Manuskripte wie die *Exam Puncten für denen Constapeln*[54] oder Günther's *Abhandlung Ueber das Verhalten der Unteroffiziere und Soldaten*[55]. Fragen nach waffengattungsspezifischen Ausbildungsinhalten vermittelt neben der erstgenannten Handschrift auch beispielsweise die *Instruction für den Reitunterricht*[56].

---

48 Beispielsweise: Peter Bahl, Der Hof des Großen Kurfürsten. Studien zur höheren Amtsträgerschaft Brandenburg-Preußens, Köln 2001; Peter Bahl, Die Berlin-Potsdamer Hofgesellschaft unter dem Großen Kurfürsten und König Friedrich I. Mit einem prosopographischen Anhang für die Jahre 1688–1713. In: Frank Göse, Im Schatten der Krone. Die Mark Brandenburg um 1700, Potsdam 2002, S. 31–98; Servorum Dei gaudium. Das ist Treuer Gottes Knechte Freuden-Lohn. Lebensbeschreibungen aus dem Umfeld des Wismarer Tribunals. Hrsg. und komm. von Nils Jörn, Greifswald 2003; Marina Sandig, Die Liebermanns. Ein biographisches Zeit- und Kulturbild der preußisch-jüdischen Familie und Verwandtschaft von Max Liebermann, Neustadt/Aisch 2005.

49 Schröder, Historische Literaturbestände (wie Anm. 17), S. 33.

50 Rang-Liste Derer sämtlichen Herren Generals und Staabs-Officiers von Der königlichen Preußischen Armee im Monath February 1772 (Sign. 42426).

51 Im Winter 1804/5 (Sign. 42 395), Näheres siehe Abschnitt V.

52 Etat der GeneralkriegsCasse für das Ober-Krieges-Collegium de Trinitatis 1794/95 (Sign. 19/375).

53 Christiane Büchel, Der Offizier im Gesellschaftsbild der Frühaufklärung: Die Soldatenschriften des Johann Michael von Loen. In: Die Kriegskunst im Lichte der Vernunft. Militär und Aufklärung im 18. Jahrhundert. Hrsg. von Daniel Hohrath und Klaus Gerteis, T. 1, Aufklärung, 11 (1999), H. 2, S. 5–25; Michael Sikora, »Ueber die Veredlung des Soldaten«. Positionsbestimmungen zwischen Militär und Aufklärung. In: Ebd., S. 25–51.

54 Sign. 90/574, siehe Kap. V, Nr. 8.

55 Sign. R 20/141, siehe Kap. V, Nr. 10.

56 Instruction zum Reit-Unterricht für die Königlich Preußische Armee (Sign. 208239.1/2).

2. Bemerkungen zum »Geometrischen Zeitalter« der Kriegführung

»Wie sehr das geometrische Element oder die Form in der Aufstellung der Streitkräfte im Kriege zu einem vorherrschenden Prinzip werden kann, sehen wir an der Befestigungskunst, wo Geometrie fast das Größte und Kleinste besorgt. Auch in der Taktik spielt sie eine große Rolle. Von der Taktik im engeren Sinn [...] ist sie die Grundlage; in der Feldbefestigung aber sowie in der Lehre von den Stellungen und ihrem Angriff herrschen ihre Winkel und Linien wie Gesetzgeber, welche den Streit zu entscheiden haben[57].«

Zu einer Zeit, da die geradezu mechanistische Form der Truppenführung im Gefechte ihren Zenit bereits deutlich überschritten hatte und zu Gunsten einer flexibleren Kriegführung zurücktrat, verdeutlichte Carl von Clausewitz die Bedeutung der Formenlehre und der Mathematik für das militärische Handwerk. Sie blieb auch immens nach Übernahme der Kolonnentaktik in allen europäischen Staaten. Für das 17. und vor allem das 18. Jahrhundert dürfte der Terminus des »Geometrischen Zeitalters« durchaus nicht unangebracht sein. In vielen Wissenschaften, in der Wirtschaft, aber vor allem in Städtebau und Architektur[58], in der Philosophie[59] und nicht zuletzt im Militärwesen dominiert in jener Zeit mathematisches und dabei insbesondere geometrisches Denken. Insofern ist es beachtlich, dass jener Fakt in wissenschaftlichen Publikationen keinen oder nur einen sehr geringen Niederschlag findet, dass der formgebende Charakter jener Wissenschaften bisher keine Terminologie erhielt. Nun wird die Bedeutung der Mathematik zwar häufig angedeutet, ihre tatsächliche Umsetzung jedoch nicht detailliert untersucht.

Die hier dargebotenen Ausführungen müssen sich auf wenige Sätze beschränken. Der Grund, warum sie dennoch in einem Beitrag über den Handschriftenbestand der Bibliothek des MGFA rechtmäßig Erwähnung finden, ist praktischer, also nutzbringender Natur. Bei vielen Handschriften des 18. und 19. Jahrhunderts handelt es sich um Ausführungen zum militärischen Handwerk[60]. Sie betreffen

---

57 Carl von Clausewitz, Vom Kriege, Berlin, Leipzig 1918, S. 172.

58 Ulrich Troitzsch, Technischer Wandel in Staat und Gesellschaft zwischen 1600 und 1750. In: Mechanisierung und Maschinisierung 1600 bis 1840. Hrsg. von Akos Paulinyi und Ulrich Troitzsch, Berlin 2003 (= Propyläen Technikgeschichte, 3), S. 11–267, hier: S. 241–248; Klar und lichtvoll wie eine Regel. Planstädte der Neuzeit vom 16. bis zum 18. Jahrhundert. Ausstellungskatalog des Badischen Landesmuseums. Red.: Michael Maaß, Karlsruhe 1990.

59 Erinnert werden darf in diesem Zusammenhang insbesondere an Leibniz, der eine rein mathematische und in Formeln darlegbare Philosophie projektierte. Die Ursache dieses Ansatzes brachte der deutsche Philosoph unter anderen mit folgenden Worten zum Ausdruck »philosophische Studien übersteigen nicht weniger als mathematische die Fassungskraft der Menge, sie sind aber in höherem Maße ungerechten Deutungen ausgesetzt« (»Philosophica meletemata non minus quam mathematica vulgi captum superant, sed magis interpretationibus iniquis obnoxia sunt«). Zit. nach: Ludwig Feuerbach, Geschichte der neueren Philosophie. Darstellung, Entwicklung und Kritik der Leibnitzschen Philosophie. Bearb.: Werner Schuffenhauer, Berlin 1981 (= Ludwig Feuerbach. Gesammelte Werke, 3), S. 1.

60 Stellvertretend: Exercitien-Reglement vor die Regimenter Infanterie (Sign. Mil XXIII/454). Kriegsartikel, Ordonnanz, Etappe, Duell-Mandat, Exerzier-Reglements, Etats (Sign. Q MIL

sowohl die artilleristischen, fortifikatorischen als auch taktischen und strategischen Darlegungen. Näherte man sich ihnen unter dem Aspekt der Bedeutung der Geometrie und Arithmetik, um sie im Wandel dieser beiden Säculii genauer zu untersuchen, so böten sie Quellenmaterial von hohem Wert.

In Bezug auf die Militärgeschichtsschreibung zum 20. Jahrhundert zeichnet sich eine allmähliche Rückkehr zu ihrem »harten Kern« ab[61]. Der Soldat im Kriege, Strategie und Taktik werden wieder in den Kanon der Historiographie eingefügt und gewinnen gegenüber der seit Jahren dominierenden Sozial- und Kulturgeschichtsschreibung wieder an Boden. Auch das frühneuzeitliche Militär wird heute vorwiegend aus einer sozialgeschichtlichen Perspektive betrachtet. Seine Position innerhalb der »Garnisonsgesellschaft«, seine wirtschaftlichen Verflechtungen, Motive von Gewaltanwendung gegen Zivilisten und die Rolle der Soldatenfrauen sind nur einige der interessanten neuen Forschungsfelder[62]. Aber auch hier könnte eine intensive Erforschung des »harten Kernes«, die sich in ersten Ansätzen zeigt[63], durch detaillierte Studien über taktisches Denken und seine mathematisch-naturwissenschaftlichen Grundlagen wertvoll sein. Näherte man sich dieser Thematik nicht aus militärischer, sondern naturwissenschaftlicher Sicht, so würde man vermutlich der frühneuzeitlichen Militärwissenschaft gerechter[64]. Weder der Kampf auf dem Schlachtfeld, noch das intensive Lavieren und Manövrieren, um den Gegner von seinen Depots und Versorgungslinien abzuschneiden, sind durch »geniale« Züge eines sehr talentierten Strategen hervorgerufen worden, sondern durch Berechnungen besonders begabter Mathematiker und naturwissenschaftlich Gebildeter im Feldherrengewande, könnte eine These lauten. Es geht nicht darum,

---

XXIII/450). Kriegs-Exercitien und Übung über die hochloebl. Infanterie und Cavallerie (Sign. B 0100578).

61 Hierzu: Stig Förster, Operationsgeschichte heute. Eine Einführung. In: Militärgeschichtliche Zeitschrift, 61 (2002), S. 309–313; Beispielgebend: Christoph Rass, »Menschenmaterial«. Deutsche Soldaten an der Ostfront. Innenansichten einer Infanteriedivision 1939–1945, Paderborn 2003.

62 Martin Dinges, Militär, Krieg und Geschlechterordnung. Bilanz und Perspektiven. In: Landsknechte, Soldatenfrauen und Nationalkrieger. Militär und Geschlechterordnung im historischen Wandel. Hrsg. von Karen Hagemann und Ralf Pröve, Frankfurt a.M. 1998, S. 345–364, Beate Engelen, Die Soldatenfrauen der preußischen Armee im späten 17. und im 18. Jahrhundert. Eine Strukturanalyse der preußischen Garnisonsgesellschaft, Diss. phil. (ungedruckt) Potsdam 2003.

63 Beispielsweise: Jürgen Luh, Kriegskunst in Europa 1650–1800, Köln, Weimar, Wien 2004, S. 81–102, 194–208 (Diese letztgenannten Seiten beinhalten gleichwohl Auffassungen, die der Verfasser nicht teilt. So führt Luh beispielsweise die Tatsache, dass der Soldat nicht zum Zielen auf einen Gegner erzogen wurde, mit ästhetischen Ansprüchen in Zusammenhang.)

64 Tempelhoff weist im Vorwort der *Physikalisch-Mathematischen Grundsätze der Artillerie* zunächst darauf hin, dass dieses Buch »eine ziemliche Kenntniß der höheren Mathematik erfordert um alles, was in diesem Werke vorgetragen wird, nicht allein gründlich zu verstehen, sondern auch mit gutem Erfolge in praktischen Fällen anzuwenden.« Bereits wenige Zeilen später erörtert er, sein Werk sei »zum Gebrauch eines Soldaten geschrieben [...], der nicht mit allzu viel Büchern bekannt seyn kann«. Jene Tatsache lässt ermessen, bis in welche Ebenen naturwissenschaftliche Kenntnis vorzudringen begann und praktischen Nutzen entfaltete. Papacino d'Antoni, Physikalisch-Mathematische Grundsätze der Artillerie in denen die Natur und Eigenschaften des Pulvers untersucht und durch gründliche Erfahrungen ins Licht gesetzt werden. Mit Anmerkungen vermehrt von G.F. Tempelhoff, Berlin 1768, S. IV f.

allseits bekannte Fakten wiederzukäuen[65], sondern künftig an konkreten Beispielen zu untersuchen, wie sich *bestimmte* mathematische Lehrsätze auf das Kriegsgeschehen niederschlugen[66].

Mauvillons[67] *Einleitung in sämtliche militärischen Wissenschaften*, ein Lehrbuch für Offiziere der Infanterie und Kavallerie von 1784 beginnt mit 132 Seiten über »reine Mathematik«, bevor es sich seinem eigentlichen Thema zuwendet. Den arithmetisch-geometrischen Abschnitt endend, führt Mauvillon aus: »Die Anwendung dieser Sätze auf alles, was durch Triangel gemessen und berechnet werden kann, ist nicht das Geschäft dieser Anfangsgründe, und muß in den Lehrstunden beym Unterricht gezeigt werden[68].«

Im Folgenden beschreibt der hessische Offizier seinen Lesern die Anwendung jener naturwissenschaftlichen Prinzipien auf alle Formen der Truppenführung. Ihre Axiome bilden keineswegs nur die Basis des Kampfes um Befestigungen, sondern finden ebenso Anwendung bei Bewegungen der Infanterie.

> »Bey den Schwenkungen läßt man die Soldaten nach dem Flügel, der den Bogen macht sehen, und an seinem anderen Nebenmann durchs fühlen bleiben [...] Man läßt auch den Schwenkschritt beschleunigen, weil sonst bey jeder Schwenkung die Intervallen verloren gehen würden. Daß die Beschleunigung den Dublirschritt übertreffen müsse, lehrt die Geometrie, denn der schwenkende Flügelmann hat die Breite seines Zugs, und folglich die Intervalle zwischen zwey Zügen 1½ mal zu durchlaufen. Er müßte sich also zum gewöhnlichen Schritte verhalten, wie 3:2 und nicht wie 6:5[69].«

Neben zahlreichen gedruckten Werken, die das MGFA besitzt, könnten viele Handschriften helfen, derartige Untersuchungen zu fördern.

Genannt werden dürfen an diesem Orte wiederum die *Manuscripte über den siebenjährigen Krieg* des studierten Mathematikers und Generals Georg Friedrich von Tempelhoff, Braatz zweibändiges *Artillerie Collegium*[70].

---

65 Natürlich ist der Einfluss von mathematischer Erkenntnis gemeinhin bekannt und findet immer wieder andeutende Erwähnung. Insbesondere Darstellungen des frühneuzeitlichen Befestigungswesens kommen gar nicht umhin, auf diesen offensichtlichen Fakt hinzuweisen.

66 So könnte beispielsweise ein Thema lauten: »Die Berechnung von Schwenkungen kleiner Truppenkörper im Gefecht und ihre Auswirkung auf den Ausgang der Schlacht bei xyz.« oder »Geometrische Grundlagen des Aufbaus von Lagerplätzen und ihre Auswirkungen auf Gefechtsbereitschaft«, »Dreiecksberechnungen und ihre militärwissenschaftliche Anwendung im frühneuzeitlichen Militärwesen« etc.

67 Jacob Mauvillon (1743–1794) galt als einer der wichtigsten Militärschriftsteller seiner Zeit. Wie Tempelhoff war auch Mauvillon studierter Mathematiker. In der Zeit des Siebenjährigen Krieges stand er von 1759 bis 1765 in hannoverschem Militärdienst. 1771 wurde er Lehrer der Kriegsbaukunst in Kassel später Oberstleunant im braunschweigischen Ingenieurkorps und Lehrer am Carolinum. Er pflegte unter anderem enge Kontakte zu Mirabeau und Scharnhorst. Leser, Mauvillon. In: Allgemeine deutsche Biographie, Bd 20, Leipzig 1884, S. 715 f.; Basler, Wehrwissenschaftliches Schrifttum (wie Anm. 8), S. 67 f.

68 Jakob Mauvillon, Einleitung in sämmtliche Militärische Wissenschaften für junge Leute, die bestimmt sind als Offiziers bey der Infanterie und Kavallerie zu dienen, T. 1–3, Braunschweig 1784, S. 132.

69 Ebd., S. 480.

70 Sign. B 0100427, siehe Kap. V, Nr. 4.

V. Handschriften und handschriftliche Zeugnisse des MGFA

Nachdem in den vorherigen Kapiteln Umfang und Struktur des Handschriftenbestandes eine ausführliche Darstellung erfuhren, lohnt sich ein Blick auf den Inhalt ausgewählter Manuskripte. Der begrenzte Umfang dieses Bandes zwang zur Auswahl. Sie erfolgte nicht ausschließlich unter dem Gesichtspunkt des historischen »Wertes« eines Manuskriptes, ein Maßstab, dem ohnehin Subjektivität zu Grunde liegt. Vielmehr gilt es, möglichst unterschiedliche Formen der gebundenen handschriftlichen Quelle zu präsentieren. Tagebücher sollten ebenso vertreten sein wie Beispiele für topographische Schriften, Ausbildungsvorschriften, Ranglisten, Vorarbeiten zu historischen Werken, Materialbeschreibungen, Uniformwerke, festungsbauliche und artilleristische Literatur[71].

Die Darlegungen erfolgen in alphabetischer Reihenfolge, um einen schnellen Zugriff auf die gewünschten Daten zu ermöglichen[72]. In vielen Fällen hielt es der Autor für angebracht, die in den Handschriften verzeichneten Kapitelüberschriften in den Fußnoten wiederzugeben. Hierdurch dürfte es dem interessierten Wissenschaftler beziehungsweise Leser schnell möglich sein, sich einen vertiefenden Überblick über den Inhalt zu verschaffen.

---

71 Gerade diese beiden Formen des militärischen Schriftentums offenbaren die grundlegende Bedeutung von Naturwissenschaft und Mathematik für die Kriegskunst des Ancien Régime. So schrieb Aster 1793: »*Befestigungskunst nennen Wir* diejenige *politisch-mathematische Wissenschaft* (Hervorhebung M.M.), welche einen jeden schicklichen Platz nach richtigen Gründen der Kriegskunst, Natur und Größenlehre mit solchen Werken zu befestigen anweiset, die entweder auf immer oder nur auf gewisse Zeit Gelegenheit verschaffen, ihn gegen jeden feindlichen Angriff und Vortheil zu vertheidigen.« Friedrich Ludwig Aster, Unterricht in der Festungsbaukunst nach Herrn Johann Christoph Glasers [...] erwiesenen Grundsätzen der Kriegskunst, Natur und Größenlehre, Dresden, Leipzig 1793, S. 2.

72 Die Zitate wurden selbstverständlich nicht der modernen Rechtschreibung angepasst. Nur in einem Punkt hielt der Verfasser eine Vereinfachung für angebracht. In handschriftlichen Aufzeichnungen des 17. und 18. Jahrhunderts werden zwei aufeinanderfolgende gleiche Buchstaben (nn, mm etc.) oftmals durch einen mit einem Strich überschriebenen Buchstaben (z.B. dan statt dann, Himel statt Himmel usw.) gekennzeichnet. Diese Marginalie blieb unberücksichtigt und wurde stillschweigend der heutigen Form angeglichen.

Nr. 1
Anhang ueber Meldungen, Ordres, Communicate sowie über die gewöhnliche Diensteingaben und über Beurteilungslisten

Sign. Q MIL XXIII/450, Potsdam, 134 Bl., nicht nummeriert, Deutsch, Neugotisch/Kanzlei [73]*, 1. Drittel 19. Jahrhundert*
Dieser Band, der ursprünglich zu einem größeren Werk gehört haben muß, bietet neben einer kurzen Einführung über die Arten dienstlicher Schriftstücke und ihre Erarbeitung zahlreiche Formulare für den täglichen Dienst im sächsischen Militär. Verträge, Meldungen, Befehle, Monatstabellen, Waffen- und Waffenbestandsanzeigen, Beurteilungslisten für Offiziere, Unteroffiziere und Gefreite sowie Eingaben sind in dem im ersten Drittel des 19. Jahrhunderts erarbeiteten Buch vorformuliert. Unter den einleitenden Hinweisen zum dienstlichen Schreiben ist auch folgendes schönes Zitat zu finden, das bis heute nicht an Wahrhaftigkeit verloren hat:

> »Kürze, Deutlichkeit, logische Ordnung und Reinheit der Sprache sind Erfordernisse einer guten Schreibart für Jedermann, folglich auch für den Soldaten. Es gibt daher keinen besonderen Militärstil.«

Nr. 2
Anzugs-Instruction

Sign. 42 359, Potsdam, 57 S., nicht nummeriert, Deutsch, Neugotisch/Kurrent, 1838
Bei dem Manuskript handelt es sich um eine vom Kommandeur des 32. Infanterieregimentes im damals preußischen Erfurt[74] erlassene Bekleidungsordnung für das ihm anvertraute Regiment. Nicht allein die handgezeichneten Illustrationen, sondern die vielen Hinweise zur Behandlung der Dienstbekleidung und der Ausrüstung bieten wichtige Einblicke in Uniformkunde und Formaldienst des preußischen Regiments. Die Handschrift gliedert sich in zwei große Abschnitte, deren erster widmet sich dem Paradeanzug[75], der zweite dem Marschanzug[76].

---

[73] Im Gegensatz zu der weitverbreiteten Annahme, bei den Vorgängern der Sütterlinschrift handle es sich um die »alte deutsche Schrift«, fand jener Schrifttyp in der gesamten germanischen Sprachfamilie Anwendung. Er wurde auch in den skandinavischen Staaten lange Zeit angewandt. Er wird deshalb hier als »Neugotisch« bezeichnet. Kurrent meint jede Form der Konzeptschrift, Kanzlei die sauberen, in der frühneuzeitlichen und neuzeitlichen Bürokratie gebräuchlichen Schriftarten. Zur Entwicklung der gotischen Schrift: Otto Mazal, Lehrbuch der Handschriftenkunde, Wiesbaden 1986, S. 97–134.

[74] Zum preußischen Militär in Erfurt 1814–1871/73: Horst Moritz, Die Festung Petersberg unter Preußen 1802–1918, Erfurt 2002, S. 18–54.

[75] I. Parade-Anzug: Sitz der Uniform; Sitz der Tuchhosen; Sitz der leinenen Pantalons; Trageband; Stiefel; Sitz und Dekoration des Tschakos; Sitz des Lederzeugs; Bewaffnung der Feldwebeldienste leistenden Unteroffiziere; Sitz des Tornisters; Wickeln des Mantels; Das Gewehr; Signalhörner, Pfeifenbüchsen, Tromeln etc.; Denkmünzen, Dienstauszeichnungen etc.; Haarschnitt, Bärte.

Nr. 3
Die Aufnahme des Plans von Torgau
sowie die daselbst vorgefallene Bataille 1760

Sign. 59 664, Potsdam, 59 Bl./1 Karte, S./Bl. nicht nummeriert, getrennte Paginierung (in Stücken), Deutsch, Neugotisch/Kurrent und Kanzlei
Diese aus der alten Dresdener Wehrkreisbücherei IV[77] stammende Handschrift stellt eine interessante Sammlung sieben miteinander in enger Verbindung stehender Dokumente zur Torgauer Schlacht (3. November 1760) dar. Ihren Kern bilden tagebuchartige Aufzeichnungen des kursächsischen Ingenieur-Kapitäns Friedrich Ludwig Aster[78] samt einer von ihm angefertigten Karte. Aster reiste im Oktober 1768 im Auftrage seines Monarchen und auf Anregung des Herzogs von Sachsen-Teschen nach Torgau. Die von ihm angefertigte und beiliegende Karte basiert sowohl auf geometrischer Vermessung, als auch auf skizzierendem Verzeichnen von Örtlichkeiten und Begebenheiten.

Seine Aufzeichnungen bieten dementsprechend interessante Einblicke in seine praktische Arbeit. Von noch größerem Interesse jedoch dürften die Zeitzeugenberichte zur Schlacht sein, die Aster zusammentrug. Sie spiegeln Eindrücke von außenstehenden bürgerlichen und ländlichen Beobachtern des Kampfgeschehens sowie der Truppenbewegungen wider. So kommt der Landrichter von Wildenhain ebenso zu Wort wie der Schulmeister von Mockerehne, der das Geschehen vom Kirchturm aus beobachtete, der Maurer ebenso wie der Müller, die Bauern der umliegenden Ortschaften ebenso wie ein Fußknecht. Welches andere Dokument bietet diese Perspektive? Es ist gerade jene, die begrenzte Blickwinkel der einzelne Begebenheiten anhand der von Aster erstellten Karte nachvollziehbar macht, etwa wenn Aster schreibt

> »♂. den 25. Octobr: 1768 Zu Wildenhayn beym Oberforster Thomas das Quartier genommen[.] Vormittags, die Direction aller aus Wildenhayn gehenden Wege genommen, und Nachmittags, den Flügel 10. den Astweg die 3. und die Gabel beritten, unter Führung vorgenannten Oberforsters und dasigen Fußknechts Schreiber.

---

76 II. Marsch-Anzug: Sitz der Jacke; Der Tschako; Sitz des Lederzeugs; Sitz des Tornisters; Packen des Tornisters; Tragen des Mantels; Sitz des Schanzzeugs; Sitz des Brotbeutels; Das Gewehr; Signalhörner; Marschstiefeletten.

77 Zur Umfang und Geschichte der Wehrkreisbücherei IV: Stuhlmann, Das Schicksal (wie Anm. 9), S. 344 f.

78 Friedrich Ludwig Aster (1732–1804) späterer Ingenieurgeneral. Er gab unter anderem Glasers Unterricht in der Festungsbaukunst aus dem Nachlass des Mathematikprofessors und Militärwissenschaftlers heraus. Einer seiner Söhne war der berühmte Militärtheoretiker Ernst Ludwig von Aster. R. Bruck: Aster, Friedrich Ludwig. In: Allgemeines Lexikon der bildenden Künstler von der Antike bis zur Gegenwart. Begr. von Ulrich Thieme und Felix Becker, Bd 2, Leipzig 1908, S. 346; Unterricht in der Festungsbaukunst nach Herrn Johann Christoph Glasers erwiesenen Grundsätzen der Kriegskunst, Natur und Größenlehre aus dessen hinterlassenen Papieren zur practischer Anwendung mitgetheilet. Hrsg. von Friedrich Ludwig Aster, Dresden, Leipzig 1793; Ernst Ludwig Aster, Nachgelassene Schriften, 4 Bde, Berlin 1856–1857. Das MGFA verfügt über eine Ausgabe, deren letzten zwei Bände aus dem Besitz der Familie Aster stammen (Sign. 42 268).

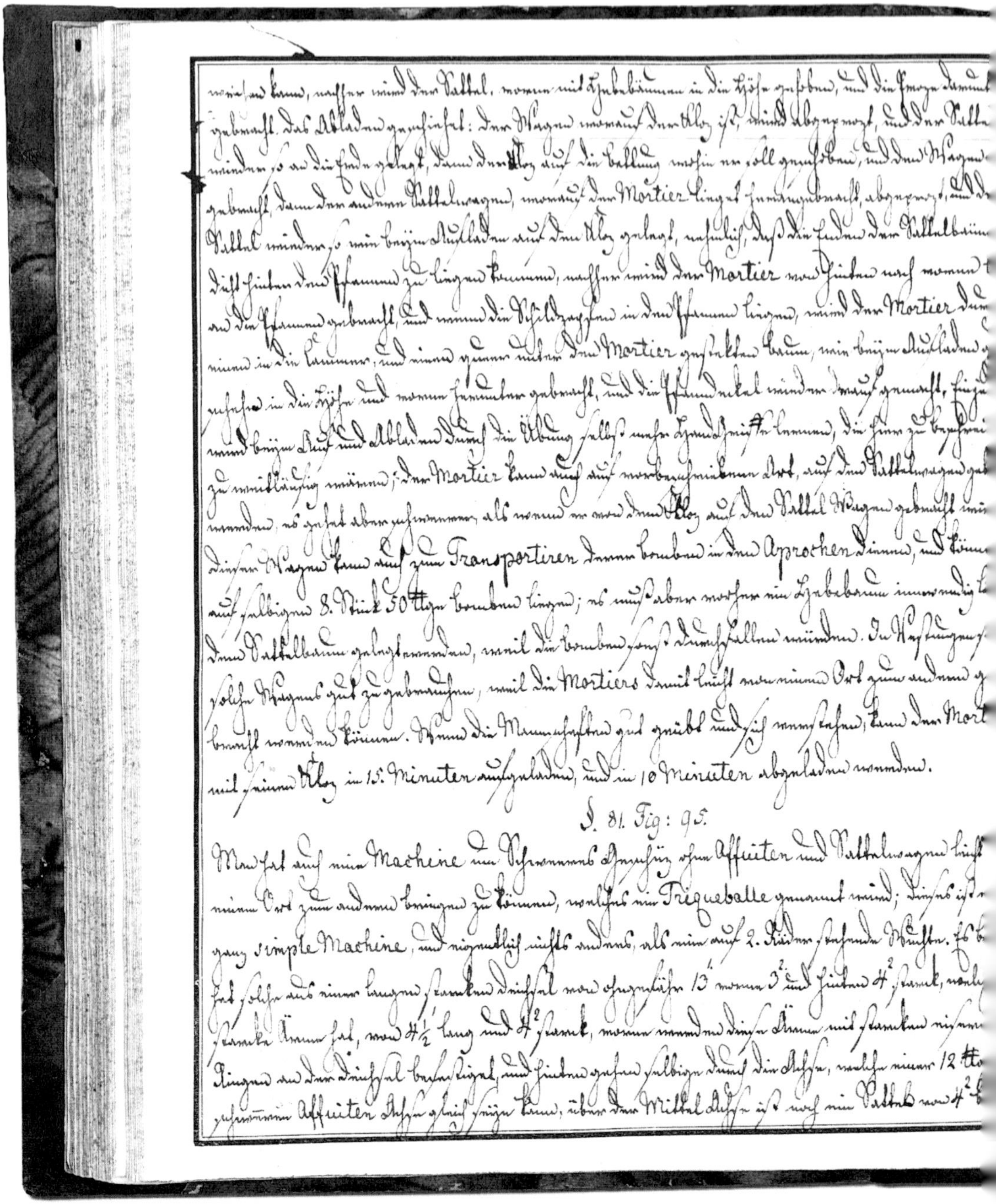

§. 81. Fig: 95.

Nr. 4: L. v. Braatz, Artillerie Collegium, Berlin 1782

115

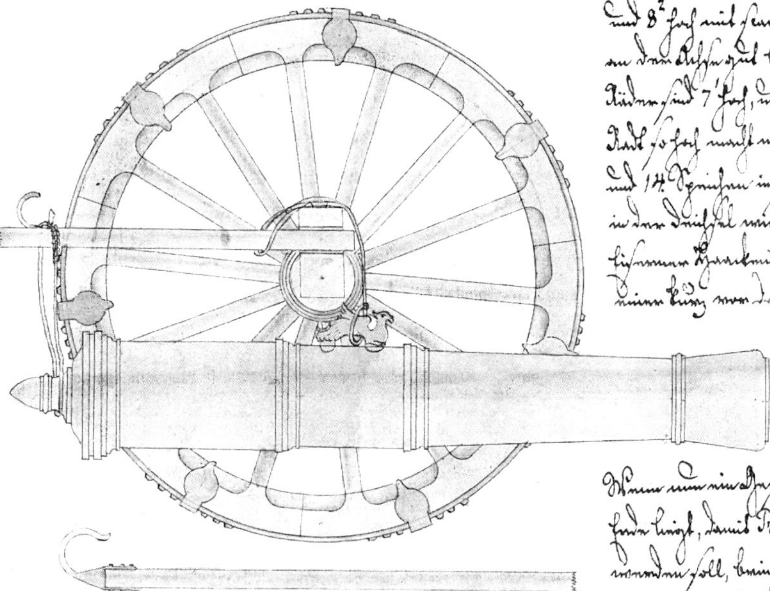

und 8² hoch mit starken Ringen an dem Achsen gut befestiget, die Räder sind 7' hoch, und weil das Rad so hoch macht man 7. Felgen, und 14. Speichen in selbigen. Vorn in der Deichsel wird ein starker Eiserner Haaken, ingleichen einer kurz vor den Armen befestiget.

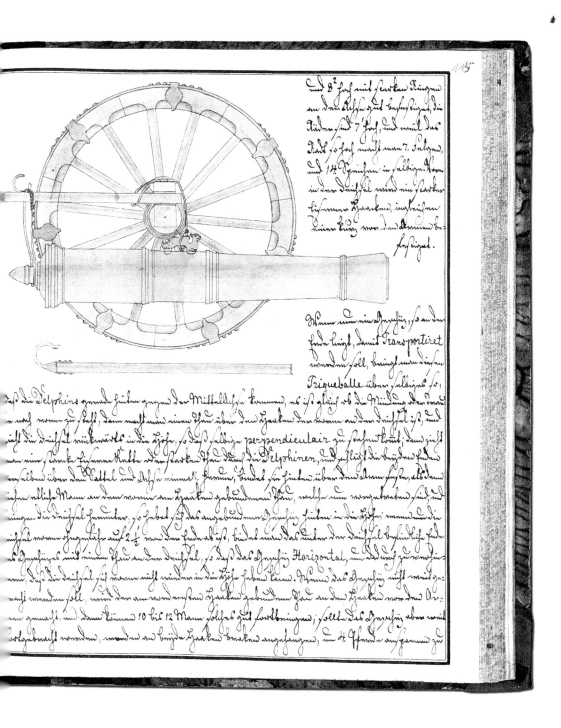

Wenn nun ein Geschütz, so an der Erde liegt, damit Transportiret werden soll, bringt man diesen Triqueballe über selbiges so, daß die Delphins gerade hinten gegen der Mittelachse kommen, es ist gleich ob die Mündung der vorn [...]n oder vorne zu steht, dann macht man einen Thau über den Haaken der vorne an der Deichsel ist, und zieht die Deichsel rückwärts in die Höhe, so daß selbige perpendiculair zu stehen kommt; dann zieht man eine starke Eisenne Kette oder starken Thau durch die Delphinen, und schlägt die beyden Enden derselben über den Sattel und Achse einmahl herum, bindet sie hinten über den Armen fest, alsdann ziehen etliche Mann an dem vorne am Haaken gebundenen Thau, welche nun vorgetreten sind, und bringen die Deichsel herunter, so hebet sich das angebundene Geschütz hinten in die Höhe; wenn nun die Deichsel vorne ungefähr auf 2½ von der Erde ab ist, bindet man das unter der Deichsel befindliche Ende des Geschützes mit einem Thau an der Deichsel, so daß das Geschütz Horizontal, um dadurch zu verhindern, daß die Deichsel sich vorne nicht wieder in die Höhe heben kann. Wenn das Geschütz nicht weit gebracht werden soll, wird der an vorderstem Haaken gebundenen Thau an den Haaken vor den Armen gemacht, und dann können 10 bis 12 Mann solches gut fortbringen; sollte das Geschütz aber weit fortgebracht werden, werden an beyde Haaken Bracken angehangen, um 4. Pferde anspannen zu

Des Landrichters zu Wildenhayn, Schulze, Anzeige den Preuß. Marsch am 3. Nov: 1760 betrf.

Durchs obere Ende von Audenhayn ist alles marschieret/: weil in unteren Theile wegen der Breite der durchfließenden Bach nicht wohl zu passiren:/ als denn hat sichs getheilet, nehmlich: der König den Flügel 10. Hülsen in den Heuweg, und der Prinz von Hollstein nach Strelle.«

Neben Tagebuch, Karte und Auftrag für Aster enthält der Band fünf Schilderungen der Schlacht, die alle aus unterschiedlicher Hand stammen.

Nr. 4
Braatz, L. v., Artillerie Collegium, Berlin 1782

Sign. B 0100427, Bleckwenn, 2 Bde, 192/196 S., nicht nummeriert, Deutsch, Neugotisch/ Kurrent [79]

L. von Braatz war Kapitän des 4. Artillerieregimentes (Königsberg). Dort hielt er vom 25. September 1802 bis Ende 1807 den Posten eines Kompaniechefs inne. Er wurde 1809 aus dem Militärdienst entlassen und verstarb 1839[80]. Braatz' Abhandlung ist ein Musterbeispiel für den Einfluss von Mathematik und Geometrie auf die Kriegführung des 18. Jahrhunderts. So beinhaltet der erste Band vorwiegend geometrische Überlegungen[81]. Der zweite Band fußt hingegen auf Darstellungen zur Technik der Artillerie. Braatz gibt hier Auskunft über Geschossarten, Ladungen, Pulver und dessen Zusammensetzung[82]. Die vorliegende Handschrift ist nicht zuletzt aufgrund der zahlreichen kolorierten Handzeichnungen von hervorragendem Wert. Die geometrischen Zeichnungen brachte der Artillerieoffizier mit bewunderungswürdiger Exaktheit zu Papier.

---

79 Besitzstempel: Königlich-Preussisches Feldartillerieregiment Prinz August von Preussen.

80 Diese kurzen biographischen Angaben sind dem Vorblatt der Handschrift zu entnehmen. Sie wurden mit Bleistift notiert und stammen vermutlich von einem späteren Leser.

81 I.1 Von der Außtragung oder Zeichnung einiger Geometrischer Figuren, I.2 Demonstration derer 3 Arten von Größen, I.3 Von dem Maße der Lienien, Flächen und Körper, I.4 Von der Extraction derer Quadrat und Cubic Wurtzel, I.5 Von Berechnung derer KugelHauffen, I.6 Von der Longimetrie, I.7 Von der Berechnung der Flächen und Körper oder Planimetrie und Steriometrie, I.8 Von denen Sectionen oder Durchschnitten, I.9 Von der Anwendung der Parabolischen Linien aufs Bombenwesen.

82 Die Themen lauten unter anderem: »Von der Artillerie« (Definition), »vom Pulver« (Pulverarten, Pulverzusammensetzung), »vom Salpeter«, »vom Geschütz« (Bestandteile, Aufbau, Arten etc.), »von denen Affuiten«, »von denen Prozen«, »von den Wall-Affuiten«, »von denen SattelWagen«, »Von denen Richtkeilen«, »Von den Haubizen«, »von den Mortiers«, »von der Berechnung und schwere der Mortiers«. II.3 Vom Geschoß, Ladungen und dazu gehörigen Zündungen. II.4 Vom Gebrauch des Geschüzes und Geschoßes (darin: Tabelle worinnen die Weiten der Würfe nach allen Graden und Elevationen der Geschüze zu finden).

Nr. 5
Brühl, G.W. von, Notizen über den Kleinen Krieg: vorgetragen vom Major Carl von Clausewitz im Winter von 1811 bis 1812

Sign. 90/567, Heeresbücherei, 582 S., Deutsch, Neugotisch/Kanzlei, um 1812
Bei der aus den Beständen der ehemaligen Wehrbereichsbibliothek II Hannover stammenden Handschrift handelt es sich um eine Mitschrift aus der Feder G.W. von Brühls[83]. Sie stellt eine von mehreren Fassungen der Clausewitz'schen Vorlesungen über den »Kleinen Krieg« dar.

Bis zu seinem Abschied aus dem preußischen Generalstabe im April 1812 lehrte Carl von Clausewitz an der Berliner Kriegsschule unter anderem zum Thema »Kleiner Krieg«[84]. Brühl, der die Mitschrift anfertigte, war 1811 Secondeleutnant und hörte an der Kriegsschule. Werner Hahlweg, der als erster Clausewitz' Vorlesungen über den kleinen Krieg publizierte[85], nutze das vorliegende Manuskript offensichtlich nicht. Gleichwohl vermutete er derartige Aufzeichnungen von Schülern, »die eines Tages auftauchen würden«. Beispiele hierfür waren ihm gegenwärtig. Die im Bestand der Bibliothek des MGFA befindliche Handschrift weicht inhaltlich leicht von dem publizierten Text ab.

Zur Definition seines Gegenstandes äußert Clausewitz in der hier vorliegenden Handschrift: »Man versteht unter kleinem Krieg den Gebrauch kleiner Truppenabteilungen im Felde. Gefechte von 20, 50, 100 oder 3, 400 Mann gehören, wenn sie nicht Theil eines größeren Gefechtes sind in den kleinen Krieg«. Brühls »Clausewitz-Manuskript« trägt zwar eine stringent anmutende Gliederung, bei näherem Hinsehen erweist sich diese jedoch als nicht sonderlich konsequent. So folgt etwa einem dritten Kapitel plötzlich ein zweites. Thematisch hingegen zeigen die »Notizen« einen logischen, leicht nachvollziehbaren Aufbau. Zur Stellung des Kleinen Krieges im Rahmen der gesamten Kriegskunst nimmt der spätere preußische Generalmajor von Clausewitz folgende Einteilung vor:

A. Hilfskünste
   1. Herbeischaffung (Militärökonomie)
   2. Ausbildung der herbeigeschafften Kräfte
   a) Lehre von den Waffen
   b) Lehre von dem Unterricht und der Ausbildung der Truppen
   c) Kenntniß des Kriegsschauplatzes

[83] Clausewitz Schwager. Carl von Clausewitz, Schriften, Aufsätze, Studien, Briefe. Dokumente aus dem Clausewitz-, Scharnhorst- und Gneisenau-Nachlaß sowie aus öffentlichen und privaten Sammlungen. Hrsg. von Werner Hahlweg, Bd 2, 1. Teilbd, Göttingen 1990, S. 14.

[84] Erste Lesungen zu diesem Thema hielt Clausewitz bereits 1810. Ebd., Teilbd 2, Göttingen 1990, S. 1191–1195.

[85] Carl von Clausewitz, Schriften, Aufsätze, Studien, Briefe. Dokumente aus dem Clausewitz-, Scharnhorst- und Gneisenau-Nachlaß sowie aus öffentlichen und privaten Sammlungen. Hrsg. von Werner Hahlweg, Bd 1, Göttingen 1966, S. 208–599.

B. Die eigentliche Kriegskunst, welche den Gebrauch der ausgebildeten Mittel lehrt
1. Strategie
2. Höhere Taktik
3. Die Lehre vom kleinen Krieg.

Diesen allgemeinen, aber höchst interessanten Ausführungen[86] folgt eine Abhandlung über den Zweck und die Organisation von Vorposten. Im nun anschließenden Kapitel widmet sich Clausewitz den Feldwachen. Im anschließenden »Capitel über Taktik des kleinen Krieges oder Verhalten im Gefecht« beschreibt Clausewitz das im Zuge der napoleonischen Ära entstandene »Gefecht der verbundenen Waffen«. Infanterie, Kavallerie und Artillerie wirken nicht nur in der Schlacht, sondern auch bei fast allen Handlungen des kleinen Krieges eng zusammen, ja der Militärtheoretiker gelangt sogar zu der Ansicht: »Nirgends ist diese Verbindung einiger als im kleinen Kriege, wieder nirgends einiger als beim zerstreuten Gefecht und diese einige Verbindung macht die Stärke der Truppen aus.« Im nun anschließenden 4. (eigentlich 5.) Kapitel behandelt Clausewitz das Thema »Kleine Infanterieposten vorzüglich im Vorpostenkriege«, um anschließend Möglichkeiten des Überquerens unzugänglicher Geländeabschnitte darzulegen. Wachsamkeit, Disziplin, Befehlsgebungen, Meldungswesen und Nachrichtenübermittlung im Vorpostenkrieg beschäftigen den Major ebenso wie »Partrouillen und Rekognosdirungen« sowie Avantgarde und »Seiten-Partrouillen«. Zum Kleinen Krieg zählten aber auch »Heimliche Märsche« oder »Angriffe kleiner Posten und Ueberfälle«, die Clausewitz mit derselben Akribie behandelt, wie den »Rückzug«. Er unterstreicht die Bedeutung des Rückzuges durch ein eigens hierfür verfasstes Kapitel und begründet diesen Schritt mit drei Fakten. Auch in diesem Abschnitt hebt der preußische Offizier die Bedeutung des Zusammenwirkens der Waffengattungen hervor. Neben weiteren thematisch vielfältigen Ausführungen erscheint das letzte Kapitel besonders interessant. Dort widmet sich Clausewitz den Möglichkeiten der Zerstörung von ziviler Infrastruktur. Ein umfassender Anhang mit zahlreichen ergänzenden Bemerkungen und feingezeichneten Skizzen ist den Ausführungen beigelegt.

Das Manuskript ist, wie aus den vorangestellten Betrachtungen leicht ersichtlich wird, eine Fundgrube von unschätzbarem Werte für jeden Militärhistoriker. Es ist schon im 19. Jahrhundert einer Bearbeitung unterzogen worden, dies zeigen Bemerkungen, die offensichtlich nachträglich mit einer anderen Handschrift eingefügt wurden. Auch im 20. Jahrhundert fand das Buch aufmerksame Leser. Einer von ihnen konnte sich nicht enthalten, eine Bleistiftskizze in das kostbare Buch einzufügen.

---

[86] Clausewitz stellt neben Strategie und Taktik mit dem kleinen Krieg eine dritte Ebene der Truppenführung dar.

Nr. 6
Canton-Extract pro 1805

Sign. 42 395, Potsdam, 37 S., nicht nummeriert, Deutsch, Neugotisch/Kanzlei
Das kleine Büchlein enthält Angaben über Umfang und Qualität der Rekrutierungen der in Berlin stehenden Regimenter aus den Kantonen für das Jahr 1805. In der letzten Tabelle werden unter der Überschrift »Maaß Extract« die Körpermaße der Soldaten, aufgeschlüsselt nach Regimentern, dargelegt[87].

Nr. 7
Clausewitz, Carl von, Notizen über den Generalstabsdienst

Sign. 90/568, 188 S., nummeriert, Heeresbücherei, Deutsch, Neugotisch/Kanzlei [88]
Clausewitz beschreibt, ausgehend von der Definition eines Generalstabes[89], dessen Funktionen, seine Wirkungsweisen und seine Zusammensetzung. So äußert der berühmte Militärtheoretiker unter anderem die Ansicht, dass alle Personen, die mit der Beratung eines militärischen Vorgesetzten, etwa eines Regiments- oder Bataillonskommandeurs, ja sogar eines Kompaniechefs, im weitesten Sinne zum Generalstab zuzurechnen sind, unabhängig von ihrer Truppengattungszugehörigkeit.

Stäbe sind also, folgt man Clausewitz, Dienstleistungseinrichtungen, die durchaus mit zivilen Behörden vergleichbar sind:

> »Wie jeder Geschäftsbetrieb durch eine Persohn, einen Chef geleitet und kontrolliert werden muß, so muß dies auch bei den Geschäften der Armee geschehen. Diese Oberaufsicht dem kommandierenden General zu zumuthen hieße wieder seine Bestimmung verkennen[90].«

Hieraus folgt konsequenterweise der ureigenste Auftrag des Generalstabes. Er verschafft dem kommandierenden General »Zeit und Freiheit des Geistes für die großen Angelegenheiten«[91].

Clausewitz widmet sich bei der Darstellung von Aufbau und Arbeitsteilung zunächst dem allgemeinen Generalstab. Er veranschaulicht seine Ausführungen mit einer detaillierten »Übersicht der Organisation und GeschäftsGegenstände eines

---

[87] »1. Canton-Extract von den Regimentern Berlinscher Infanterie-Inspection wie solcher den 5ten Januar 1809 am Ober-Krieg-Coll. Eingerichtet, 2. Summarischer Extract des bei denen in Berlin stehenden Infanterie Regimentern seit der Revue 1804 bis jetzt vorgefallenen Einländer Abgangs und was dagegen aus den Cantons eingezogen wird, Berlin den 24 Jan. 1805, 3. Differenzen (Unterschied zwischen Möglichen Aushebungen und tatsächlichen Einberufungen, 4. Maaß Extract von den Regimentern Berlinischer InfanterieInspection inclusive GrenadierCompagnien pro 1805 eingestellten Cantonisten-Recruten.«

[88] Besitzstempel: Königliche Kriegsakademie Bibliothek; WBB II.

[89] »Der Generalstab ist bestimmt die Ideen des kommandierenden Generals in Befehle für die Armee umzuschaffen« Clausewitz, Notizen, S. 1.

[90] Clausewitz, Notizen, S. 4 f.

[91] Ebd., S. 1.

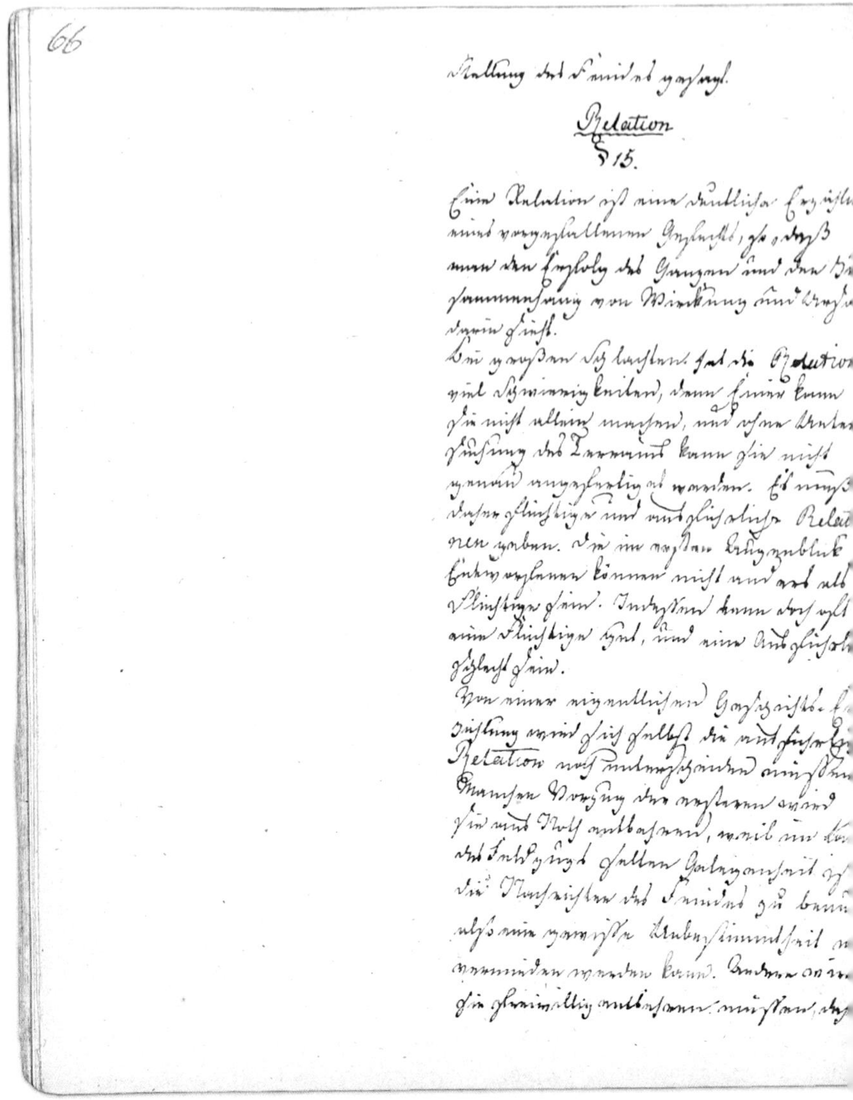
66

Relation
§ 15.

Nr. 7: Carl von Clausewitz, Notizen über den Generalstabsdienst

Die Handschrift untergliedert sich in folgende Kapitel: 1tes Kapitel Geschäftsgang im Kriege oder Von der Einrichtung des Generalstabes. Was ist ein Generalstab; Wann die Armee ein Lager beziehen soll; Woher entstand seine große Zusammensetzung in der jetzigen Zeit; III. Eintheilung des Generalstabes in den allgemeinen und besonderen; IV. Geschäftseinteilung des allgemeinen Generalstabs; V. Geschäfts-Eintheilung einer Division; VI. Einige allgemeine Bemerkungen über den Dienst in den verschiedenen Abteilungen; Über die Ausfertigungen; IItes. Kapitel Über Disposition und Relation. Der Zweck der Kollonnen; Die Disposition muss keine Detailbestimmung enthalten. Stiel der Disposition. Betrachtungen über die Dispositio in verschiedenen Zeiten. Die neuesten Dispositionen der Österreicher. Relation. III. Kapitel: Von den Marsch-Anordnungen vorzüglich in Beziehung auf die dahin vorkommenden Generalstabsgeschichte. I. Taktische Maßregeln. A. Nachrichten. B. Vorposten. C. Anordnung der eingehenden Kollonnen. D. Verbindung aller Kollonnen. E. Von der Wahl der Stellungen und Quartiere. 1. Von der Wahl eines Lagers auf dem Marsche, 2. Wegen der Quartiere. II. Technische Maßregeln. A. Der einzelne Marsch. B. Geschwindigkeit des Marsches von Tagesreisen. C. Vorkehrungen und Verzögerungen des Marsches. Wahl der Wege und Einteilung der Ko-

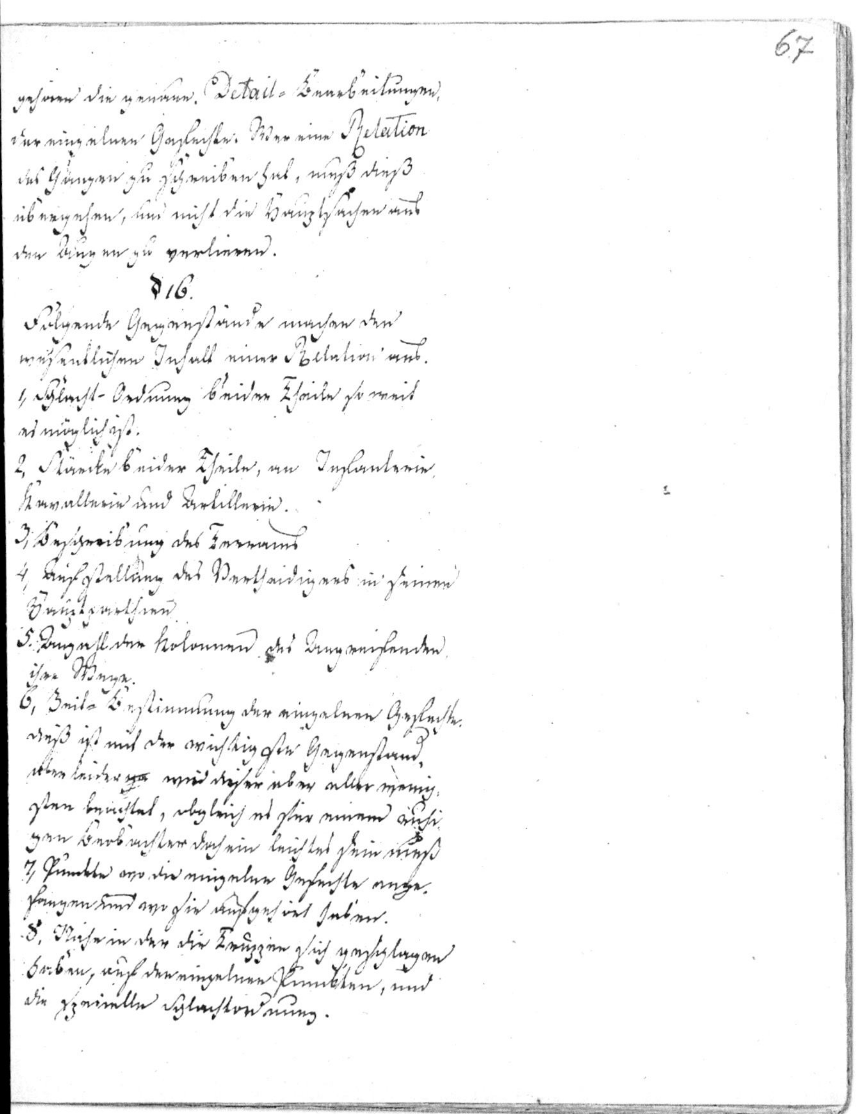
67

gehören die genauen Detail-Bearbeitungen der einzelnen Gefechte. Wer eine Relation des Ganzen zu schreiben hat, muß dieß übergehen, um nicht die Hauptsachen aus den Augen zu verlieren.

§16.

Folgende Gegenstände machen den wesentlichen Inhalt einer Relation aus.

1, Schlacht-Ordnung beider Theile so weit es möglich ist.

2, Stärke beider Theile, an Infanterie, Kavallerie und Artillerie.

3, Beschreibung des Terrains

4, Aufstellung des Vertheidigers in seinem [illegible]

5. Bewegungen der Kolonnen des Angreifenden ihre Wege.

6, Zeit-Bestimmung der einzelnen Gefechte dieß ist mit der wichtigste Gegenstand, aber leider [illegible] über alles [illegible], obgleich es für einen [illegible] [illegible]

7, Punkte wo die einzelnen Gefechte angefangen und wo sie aufgehört haben.

8, [illegible] in der die Truppen sich geschlagen haben, auf den einzelnen Punkten, und die speciellen Schlachtordnung.

lonnen. Rücksichten auf die Bequemlichkeit der Truppen beim Lager. Cantonnemento auf dem Marsch. Verpflegung auf dem Marsch. Die Art wie ein großer Marsch angeordnet wird. Beispiele. Marsch-Tableau. MarschDisposition. Regeln die auf dem Marsch zu beachten sind. Marsch des Königs Friedrich nach der Schlacht bey Hochkirch zum Entsatz von Hochkirch. Marsch-Disposition des Königs im Jahr 1760. IV. Kapitel: Rekognoscirung einer Gegend. Über das Auffassen der Gegend im Ganzen. Benutzung dieser Begriffe um die Gegend in der man sich befindet, an eine andere anzuknüpfen. Ein Weg zur recognosciren und auszubessern. Von der Aussteckung und Ausbesserung eines Weges. Nebenwege für die Infanterie. Umgehen schlechter stellen. Ausbessern schlechter Stellen. Rekognosiirungen von Flüssen. Von den Übergangsmitteln über Flüssen. Von den Übergangsmitteln überhaupt. Von den Brücken überhaupt. Schwimmende Brücken. Stärcke und Einrichtung derselben. A. Begriff von einer Schiff und Ponton-Brücke. B. Vermögen der Schiffe. C. Vom schlagen der Brücken. Wahl der Schiffe. Entfernung der schiffe von einander. Ordnung der Eintheilung der Arbeit. Von der Arbeit des Brückenschlages selbst. Anzahl und Eintheilung der Arbeiter. Entfernung der Flüße von einander.

allgemeinen Generalstabes«. Kurzen Ausführungen zum Stab einer Division folgt die Darstellung des Geschäftsganges in den Stabsabteilungen, mit den unterschiedlichen dort ausgefertigten Schriftstücken. Insgesamt ist Clausewitz' Darstellung von Pragmatismus geprägt und somit handlungsorientiert. Hier erwarten den Leser keine philosophischen Abhandlungen über das Verhältnis von Staat, Militär und Krieg. Vielmehr gewinnt er Einblicke in die Mechanismen und Strukturen militärischer Führung und ihre bürokratischen Grundlagen. Das Werk bietet somit strukturgeschichtlichen Untersuchungen beachtenswerte Hinweise. Gleichwohl ist der überwiegend normative Charakter der Abhandlung kaum zu übersehen. Es mangelt insbesondere im ersten Teil an beispielhafter Untermauerung der aufgezeigten Lehrsätze. Häufig finden sich hervorgehobene Sätze, die zwar auf den Erfahrungen des Generals fußen mögen, die dennoch derart einfach sind, dass sie wohl schon damals über jeden Zweifeln erhaben gewesen sein dürften. Nun zeigt sich zwar Genie und außerordentliche Begabung in der Fähigkeit zur Abstraktion, im »Denken des Selbstverständlichen«, einige der Ausführungen Clausewitz' muten jedoch zu banal an, als sie des Aussprechens wert gewesen wären. Um ein Beispiel hierfür zu geben, dürfen folgende Sätze zitiert werden (Hervorhebungen im Original):

> *»Die Disposition muß klug und einfach sein*
> [...] *Die Disposition muß nichts wesentliches auslassen*
> [...] *Sie* [die Disposition] *muß zur rechten Zeit womöglich schriftlich gegeben werden«.*

Wer hätte das gedacht? Ein Befehl muß klug abgefasst sein, alles Nötige beinhalten und ab und an schriftlich gegeben werden. Scheinen diese Schlüsse auch eher überflüssig, andere haben ihren Wert bis heute behalten. Wer möchte nicht, angesichts der zahlreichen gekünstelten alltäglichen Reden, manchem Politiker, Militär, Journalisten oder Wissenschaftler Clausewitz' Text unter die Nase halten, der im Abschnitt »Stil der Disposition« unserer Handschrift zu finden ist?

> »Unütze Worte machen jede Sache dunkel, doch könnte man sie eher verzeihen, wenn sie ein natürlicher Fehler wären, und ein Studium dazu gehörte um sie zu vermeiden; sie sind aber nichts als eine abgeschackte Ziererei, die niemals in die Feder desjenigen kömmt, der so sich giebt und spricht wie er denkt[92].«

Ab II. Kapitel, dem auch das zuvor präsentierte Zitat angehört, untermauert Clausewitz seine Betrachtungen mit realen Beispielen. Nun geht es dem großen Militärtheoretiker um die Aufgaben des Stabes im Felde. Und so gibt er im Rahmen längerer Abhandlungen über Märsche unter anderen das kriegsgeschichtliche Beispiel »Marsch des Königs Friedrich nach der Schlacht bey Hochkirch zum Entsatz von Neisse«[93].

---

92 Ebd., S. 63.
93 Ebd., S. 110–116.

Nr. 8
Exam Puncten für denen Constapeln welche zu Unter Officir befördert werden

Sign. 90/574, Heeresbücherei, 25 Bl., nicht nummeriert, Deutsch, Neugotisch/Kurrent, um 1700
Die »Exam Puncte« stellen einen Katalog mit insgesamt 124 Prüfungsfragen für angehende Unteroffiziere der Artillerie dar. Das Manuskript gibt zahlreiche Rätsel auf. Der Entstehungszeitraum wird im Katalog mit »um 1700« angegeben, ohne dass sich, abgesehen vom Schriftbild, irgendwelche Anhaltspunkte ergeben, die diese Datierung rechtfertigen. Zudem stellt sich die Frage nach der Herkunft des Manuskriptes. Eine kurze Passage bietet in gewisser Weise eine Antwort. Dort heißt es:

»11. Haben alle Nationen ein und selben Maßstab.

Die Ausländer gebrauchen noch mehrentheils den Nürnberger maßstab der kleiner ist wie der Schwedische, so daß unsere kugel größer sind, dahero wir im nothfall die Ihrige allein. Sie nicht unsere Kugel gebrauchen können.

12. Wie ist das Gewicht in Schweden. Daßjenige waß bey der Artillerie gebraucht wird, bestehet aus schwer und leicht.«

Da das Manuskript ursprünglich aus der preußischen Artillerie- und Ingenieurschule stammt[94], könnte es, je nach Interpretation des vorangestellten Zitates, preußischen oder schwedischen Ursprunges sein.

Es bietet detaillierte Einblicke in Ausbildung und Handwerk der Artillerie, der Feuerwerkerei und der Mineurie.

Nr. 9
Geschichte des königlich Preussischen Infanterieregimentes Herzog von Braunschweig Bevern 1676–1779

Sign. 23 597, Potsdam, 22 S., nicht nummeriert, Deutsch, Neugotisch/Kurrent[95]
Das kurze Manuskript vermittelt einen chronologischen Abriss der Geschichte des genannten Verbandes. Hierbei wird das 17. Jahrhundert auf vier Seiten, das 18. Jahrhundert hingegen auf 16 Seiten abgehandelt. Der Schwerpunkt liegt auf dem Siebenjährigen Krieg. 1676 wird das Regiment aus zwei Bataillonen der kurfürstlichen Garde gebildet. Bereits ein Jahr später nahm es an der Belagerung und Eroberung Stettins im Zuge des Schwedisch-Brandenburgischen Krieges teil.

1686 war es bei der Belagerung Ofens zugegen (Türkenkriege); 1688 bis 1697 stand es im Kampf gegen Frankreich in den Niederlanden, im Rheinland und in Italien. Im Spanischen Erbfolgekrieg nahm das Regiment an unterschiedlichen Belagerungen teil (u.a. Rheinberg, Geldern, Landau), in dessen Ergebnis es schwe-

---

[94] Aus dem Besitz dieser Bildungseinrichtung gelangte es zunächst in die Deutsche Heeresbücherei und von dort aus in den Bestand der Wehrbereichsbibliothek II Hannover. 2003 konnte es in die Bibliothek des MGFA überführt werden.

[95] Exlibris im Einbanddeckel: Königlich-Preussische Artillerie und Ingenieur-Schule, damalige Sign. 3441.

re Verluste hinzunehmen hatte. 1704 kämpften seine Infanteristen in der Schlacht von Höchststedt. Weitere Belagerungen folgten, bis es nach dem Friedensschluss des Jahres 1713 wieder in seine Magdeburger Garnison marschierte.

Nur knapp zwei Jahre verblieb es dort, bis es 1715/16 an den Belagerungen von Stralsund[96] und Wismar[97] im Zuge des Großen Nordischen Krieges teilnahm. Im I. Schlesischen Krieg war es sowohl auf den Schlachtfeldern von Mollwitz (1741) und Chotusitz (1742), als auch bei den Belagerungen von Brieg und Neisse zugegen. Als Hohen-Friedberg, Soor und Katholisch-Hennersdorf gingen jene Schlachten in die Geschichte ein, an denen der Verband im Zuge des II. Schlesischen Krieges teilnahm. Im Jahre 1756 marschiert das Infanterieregiment über Sachsen (Mitwirkung bei der Einschließung des pirnaschen Lagers, Lobositz) nach Böhmen. Im Mai 1756 nahm es zunächst an der Schlacht bei Prag teil und marschierte, zahlenmäßig stark dezimiert, dann nach Pommern, wo es personell frisch aufgefüllt gegen die Schweden operierte (1758: Belagerung Anklams und Schlacht/Gefecht bei Peenemünde). Die Schlacht bei Kunersdorf (1759) führte erneut zur fast gänzlichen Vernichtung des Verbandes. Der Kampf um Wittenberg und die Torgauer Schlacht sind nur zwei weitere hier zu nennende Aktionen, welche die Grenadiere des braunschweig-beverschen Regimentes bis zum Hubertusburger Frieden noch zu bestehen hatten.

Nr. 10
Günther, Ueber das Verhalten der Unteroffiziere und Soldaten auf Feldwachen und auf Patrouillen

Sign. R 20/141, Freiburg, 12 Bl., nicht nummeriert, Deutsch, Neugotisch/Kurrent, um 1898
Generalleutnant Günther wendet sich mit seinem kleinen Heft direkt an die Unteroffiziere und Soldaten. Er erörtert einfachste Verhaltensregeln für Feldwachen und Patrouillen. In geradezu väterlicher Manier und in einer Diktion, die dem heutigen Betrachter unweigerlich komisch erscheinen muss, verdeutlicht er seinen Untergebenen Gefahren ihrer Tätigkeit. Günthers unfreiwillig-humoristischer Ton dürfte manchen zum Schmunzeln veranlassen. Er sei deshalb an dieser Stelle kurz zitiert:

> »Wenn Ihr an einen Wald kommt, müßt Ihr nicht gleich blindlings hineinreiten, sondern vor selbigen erst mit dem Pferde ein wenig herumtummeln und genau suchen, ob ihr unter den Bäumen von dem Feinde etwas gewahr werdet; sehet ihr nichts, so reitet in den Wald hinein und zwar so, daß zwischen Euch und Eurem Kameraden nichts versteckt bleiben kann[98].«

---

[96] Zur Belagerung Stralsunds: Herrmann Voges, Beiträge zur Geschichte des Feldzuges von 1715, 3 Tle. In: Baltische Studien, 7 (1903), S. 1–73; (1904), S. 47–95; (1905), S. 161–209; Herrmann Voges, Die Belagerung von Stralsund im Jahre 1715, Stettin 1922; Bidrag til den Store Nordiske Krigs Historie utg. av Generalstaben, Bd 7: Eroberingen af Sverigs Tyske Provinser 1715/16, København 1922, S. 64–240.

[97] Zur Belagerung Wismars: Bidrag (wie Anm. 97), S. 241–323.

[98] Günther, Ueber das Verhalten, S. 2 f.

Stünde ein Soldat auf Patrouille oder Vedette[99] und ein Offizier käme vorbei, den sie nicht kennten, so sollten sie fragen:

> »Wer sind Sie?« »Von welchem Regiment?« »Wo sie herkommen und wohin sie wollen?« Kennt ihr sie, so müßt ihr nur fragen: »Woher sie kommen?« »Wohin sie wollen«[100].

Die Darlegung des Banalen und ihre Form offenbart das geistigen Vermögen der Klientel, an die sich Günther richtet. Dennoch oder gerade deshalb bietet seine Abhandlung interessante Einblicke in den militärischen Alltag im Kriege, etwa wenn der General das Verhalten gegenüber Deserteuren oder vermeintlichen Parlamentären des Gegners thematisiert. Der Text ist eben nicht rein normativer Natur, sondern er basiert auf praktischer Erfahrung. Reizvoll erscheint auch, dass nicht der operative oder taktische Führer, nicht der Offizier angesprochen wird, sondern der »einfache« Soldat. Die Handschrift endet mit den Worten:

> »Wenn ein Jeder wais wann wir gegen den Feind kommen, was er gegen denselben zu beobachten hat, uns muß selbiger bei jeder Gelegenheit Herr lassen – Ihr werdet Ehre haben und Beute machen.«

Nr. 11
Heer, Christoph, FestungsAbrisse[101]

Sign. 56 641, 2°, Potsdam, 200 S., nummeriert, Deutsch, Neugotisch/Kurrent

Christoph Heers *FestungsAbrisse* aus dem Jahre 1693 stellen die älteste bislang aufgefundene Handschrift des MGFA dar. In Zsupaneks Handbuch zur Festungsliteratur findet sie keine Erwähnung[102]. Das wundervolle Unikat des sächsischen Hauptmanns und kurfürstlichen Ingenieurs bietet farbige Handzeichnungen von 191 europäischen Festungen und befestigten Anlagen[103] von »Aeth«[104] bis »Zy-

---

[99] Vedette (franz.) Sicherungsdienst bei der Kavallerie und Infanterie zum Schutz von Marschbewegungen und von in der Nähe gegnerischer Truppen lagernden eigenen Verbänden.

[100] Günther, Ueber das Verhalten, S. 5.

[101] Folgender Wortlaut findet sich auf der ersten Seite und darf als vollständiger Titel angenommen werden: Dem Durchleuchtigsten Fürsten undt Herren, Herrn Johann Georg dem Vierten, Hertzogen zu Sachsen, Jüllich, Cleve und Berg, auch Engern undt Westfalen, des Heyl. Röm. Reichß Ertzmarschalln undt Churfürsten Landgrafen in Thüringen Markgrafen in Meissen, auch Ober- undt Niederlaußnitz, Burggrafen zu Magdeburg, gefürsteten Grafen zu Henneberg, Grafen zu der Mark Ravensberg und Barby, Herren zu Ravenstein, Meinem gnädigsten Churfürsten undt Herren Uberreichet gegenwärtige FestungsAbrisse in tiefster Unterthänigkeit Christoph Heer, Hauptm. undt Ingenieur 1693.

[102] Dort ist lediglich seine *Theoria Artis Muniendi Modernæ* (1689) und sein *Speculum artis muniendi lucidissimum* (1694) verzeichnet. Norbert Zsupanek, Repertorium der Festungsliteratur des 15. bis 20. Jahrhunderts. Ein Handbuch, Bissendorf 2003, S. 12 f.

[103] Hier werden die Namen so wiedergegeben, wie sie in Heers Buch niedergeschrieben sind. »Aeth, Altzey, Allinge, Amsterdam, Antwerpen, Arnheim, Arras, Astenay, Baahus, Barraux, Basse, Bellegarde, Brehmen, Brehmer Vörde, Brisach, Breda, Bergen op Zoom, Bergen, Bonn, Braunschweig, Burtange, Buxtehude, Calais, Casal, Cassel, Cambray, Christiana, Christiansand, Christianopel, Christianstadt, Christiansburg, Chaumont, Chalon, Charle ville, Charle Roy, Coblentz, Clundert, Covorden, Copenhafn, Covon, Cronenburg, Dantzig, Dardanellen, Daxburg, Demmin, Devanter, Didenhofn, Dole, Dorsten, Dresden, Duynkercken, Ebernburg, Elbing, Ehrenbreitstein, Emden, Emmerich, Enckhuysen, Esseck, Frankfurt, Franckendahl, Fleckstein, Freyburg, Flissingen, Fort

geth«. In einige Karten sind Truppenaufstellungen bekannter Belagerungen eingezeichnet, etwa im Falle der ungarischen Feste Neuheusel, die am 19. August 1685 von kaiserlichen Truppen erstürmt wurde[105]. Bei anderen Abbildungen bemühte sich Heer, ein plastisches Bild von den naturräumlichen Gegebenheiten darzulegen. Hügel, Bäume, Wasserläufe, Seen, Moore und Felder bilden einen ansprechenden Rahmen zahlreicher Festungsdarstellungen. Einige Festungen sind gar nicht in Kartenform abgebildet, sondern als kolorierte Zeichnungen, wie beispielsweise die Festung Königstein[106].

Kanonenkugeln mit angedeuteter Flugbahn, Geschütze, denen Pulverdampf entsteigt, Schiffe, die Häfen anlaufen, die Donau hinabfahrende Boote mit ihren Ruderern, in Brand geschossene Fregatten sind nur einige der vielen Details, die dem Betrachter ein plastisches Bild der Festungen vermitteln.

Die Beschriftungen sind teilweise gedruckt, in vielen Fällen jedoch mit Eisen-Gallus-Tinte[107] aufgeschrieben. Besonderes Augenmerk ließ Heer dem ungarischen Ofen (Buda) angedeihen. Auf fünf Seiten finden sich unterschiedliche Darstellungen der Stadt und eine Übersicht über die Belagerungen seit 1542.

Nr. 12
Im Winter 1804/05

Sign. 42 395, Potsdam, 38 S., nicht nummeriert, Deutsch, Neugotisch/Kanzlei[108]
Das kleine Büchlein gibt einen Überblick über die Besetzung und den personellen Umfang der 1804/05 in Berlin stationierten Regimenter[109]. Neben interessanten

---

Louys, Fridrichsdahl, Friedrichshafn, Fridricia, Fridrichstad, Geneve, Glückstadt, Gyula, Grätz, Gomorra, Grave, Gran, Grich-Weissenburg, Gray, Grevelingen, Gothenburg, Gröningen, Gripswalde, Gülich, Hambrg, Hanau, Hallen, Havre de grace, Heidelberg, Homburg, Hesdin, Heusden, Helmsted, Helsenburg, Hertzogenbusch, Hünningen, Huen, Hohenwiel, Kanischa, Kalmer, Kieler hafn, Königstein, Koyser, Küstrin, Landau, Landseron, Lautern, Leipzig, Limburg, Lixsim, Livorno, Lübeck, Luxemburg, Lippe, Magdeburg, Maubeuge, Malmoe, Malta, Menene, Marsal, Miolons, Mont melian, Meintz, Maseick, Mastricht, Marstrand, Mont Royal, Moers, Modon, Mons, Mongatsch, München, Naerden, Namur, Nancy, Napoli di Romania, Navarino, Neuheusel, Neus, Nimes, Nimmwegen, Nissa, Nyport, Nyborg, Ofen, Offenburg, S. Omer, Oresund, Ostende, Pfaltzburg, Philipsburg, Praga, Quesnoy, Raab, Rhees, Rendsburg, Rheinbergen, Rheinfelden, Rheinfels, Riga, Roorort, Rinteln, SaarLouys, Seatreffen, Schütt, Stade, Stettin, Stralsund, Schletstat, Strassburg, Schenkenschantz, Stuys, Stockholm, Tokay, Tönningen, Toulon, Trundhiem, Turin, Ulm, Valencienne, Vercelli, Wien, Wardein, Wesel, Wismar, Wolfenbütel, Wolgast, Wildenstein, Wennersburg, Warbierg, Zutphen, Zygeth«.

104 Gemeint ist die ostflandrische Festungsstadt Aalst (Alost, Aelft).

105 Heer, FestungsAbrisse, S. 38; Zum Kampf um Neuheusel: Peter H. Wilson, German armies. War and German politics 1648–1806, London 1998, S. 79 f.; Nicolae Jorga, Geschichte des Osmanischen Reiches, Bd 5. Nachdr. der Ausg. Gotha 1913, Frankfurt a.M. 1990, S. 213 f.

106 Heer, FestungsAbrisse, S. 27.

107 Gemisch einer Lösung von Gallussäure (3,4,5-Trihydroxybenzoesäure) – gewonnen aus Galläpfeln – und einem Ferrosalz, welches an der Luft oxidiert. Bildet sehr dunkle und haltbare Tinte.

108 Exlibris: von Tümling'sche Fideicommiß-Bibliothek auf dem Thalstein bei Jena.

109 Namentliche Liste derer von der Berlinschen Inspection Seiner Majestät dem Könige vorzuzeigenden GefreitenKorporals im Winter 1804/5, 2. Namentliche Liste der im Winter 1804/5 vor-

Statistiken enthält es auch ein namentliches Verzeichnis der Offiziere, die bei den militärischen Wintervorlesungen von 1804/05 in Berlin zugegen waren, also zu einem Zeitpunkt, da Scharnhorst dort lehrte. Bemerkenswert sind auch die in vielen Tabellen verzeichneten geographischen Herkunftsangaben der Offiziere.

Nr. 13
Instruction für die topographischen Arbeiten des königl. preuß. Generalstabes

Sign. 21 493, Potsdam, 29 Bl., teilweise nummeriert, Deutsch, Neugotisch/Kanzlei, 1821 [110]

»Der Zweck dieser Instruction ist den militärisch-topographischen Arbeiten, welche der preußische Staat ausführen läßt, eine solche Gleichförmigkeit zu geben, daß durch festbestimmte Normen, das Zusammenarbeiten vieler einzelner Glieder, die Revision des Vorhandenen und das Wiederanknüpfen an abgebrochene oder das Vollenden angefanger Messungen erleichtert wird.«

Die Handschrift beginnt mit einer Übersicht über die trigonometrischen und astronomischen Vorarbeiten, die für eine Vermessung notwendig sind. Geradezu philosophisch lesen sich jene einführenden Worte des ersten Teiles[111]: »Die Theorie und Erfahrung/: welche wegen der Grenzen der Erkenntniß durch den menschlichen Sinn zu Rathe gezogen werden muß:/ lehren, daß am zweckmäßigsten auf folgende Art verfahren wird.« Zunächst werden die den Berechnungen zu Grunde liegenden Maßeinheiten[112] geklärt, dann die erforderlichen Formeln dargeboten. Da die Möglichkeiten ihrer Berechnung mannigfaltig sind und die wichtigen Werke von de Lambre und Gal Roy einige Axiome unerwähnt ließen, widmet sich ein Abschnitt ausführlich der Messung einer Grundlinie[113]. Die zweite

---

zuzeigenden Neuen Unteroffiziers, 3. Summarische Nachweisung Der von denen in Berlin stehenden InfanterieRegimentern Seiner Majestät dem Könige vorzuzeigenden Junkers Neuen Unteroffiziere und vom 1. May bis inclusive November 1804 angeworbenen ausländischen Rekruten, 4. Namentliches Verzeichnis derjenigen Offiziers, welche den militärischen Wintervorlesungen von 1804/5 in Berlin beiwohnen, 5. Namentliches Verzeichnis derjenigen Offiziere welche den Wintervorlesungen des Professors Naumann von 1804/05 über Pferde-Kenntnis und Hufbeschlag in Berlin beiwohnen, 6. Verzeichnis wie die Wachen besetzt werden.

110 Die Jahresangabe wurde nachträglich mit Bleistift vermerkt. Besitzstempel: Deutsche Heeresbücherei Berlin, Chef des königl. Preussischen Ingenieur Corps.

111 I. Teil: »Von den nöthigen trigonometrischen und astronomischen Vorarbeiten«.

112 »[...] Das Maaß dessen sich künftig ausschließlich zu allen alle militairisch-geodätische Arbeiten des Preußischen Staats bedient wird, ist die preußische Ruthe mit ihren dezimal Unterabteilungen; /: so wie solche bereits bei allen Messungen der Civil-behörden eingeführt ist:/ Diese Preußische Ruthe ist in ihrer Länge der alten rheinländischen Ruthe gleich, und ihr Verhältnis zum französischen Maaß scharf bekannt.« Instruction für die topographischen Arbeiten des königl. preuß. Generalstabes, S. 3.

113 Es folgen die Kapitel: »Dreyecke erster Ordnung«, »WinkelRegister«, »Reduction auf den Horizont«, »Reduction auf das Zentrum der Station«, »Sphärischer Spinß«, »Berichtigung der Winkel«, »Berechnung der Dreiecke der ersten Ordnung«, »Berechnung der Dreiecke zweiter Ordnung«, »Berechnung der Dreiecke dritter Ordnung«, »Astronomische Bestimmung der Länge, Breite und des Azimuths«, »Berechnung der Länge, Breite und des Azimuths der Dreiecke erster Ordnung«, dann »zweiter Ordnung« und dann »dritter Ordnung«, »Revision«.

Abteilung des ersten Abschnittes befasst sich mit der Umsetzung der Arbeitsergebnisse in eine Karte[114]. Der zweite Abschnitt (»Instruction für die Detail Aufnahmen«) offeriert die gültigen Vorschriften einer Aufnahme[115]. Er verweist zunächst auf die Regulierung aller nichtmathematischen Angelegenheiten und die für diesen Zweck durch die vom zweiten Department des königlichen Kriegsministeriums erlassene Vorschrift über die Bezeichnung der bei einer Aufnahme vorkommenden Gegenstände vom 1. März 1818. Jene Ausführungen beschließen den Text. Ihm folgen »Hülfstafel«[116], dann Beispiele für Vermessungen[117] und schließlich ein Register.

Nr. 14
Krieger-Uniformen 1914–1915

Sign. 09/861, Freiburg, 87 S., nummeriert, Deutsch, Sütterlin/lateinische Schrift
In loser Reihenfolge stellt der Zeichner Paul Pietsch zu Ehren Herbert Knötels[118] Uniformen und Uniformteile, Ausrüstungsgegenstände und Zierdegen sowie Ärmelaufschläge, Borten und Schulterstücke der deutschen Armee nach Kriegsbeginn dar. In unterschiedlichen Handschriften wurden zu den einzelnen Teilen Bemerkungen eingefügt, die nicht selten kritische Urteile über die Zeichnungen beinhalten.

---

114 »Von der Projection von der Eintheilung der Karte in einzelne Blätter (Sectionen) und vom Antragen der trigonometrischen Punkte«. Der Abschnitt untergliedert sich in: »Grad Abtheilungen«, »Eintheilung der Grad-Abtheilungen in Band und Blatt«, »Wie die Größe der Blätter gefunden und aufgetragen wird«, »Vom Auftragen der trigonometrischen Punkte«.

115 Die Teilüberschriften lauten: »Was für Kenntnisse bei einer Aufnahme auf dem Felde vorausgesetzt werden«, »Welche Materialien ein Arbeiter auf das Feld mit erhält«, »Wie er die wichtige Lage der zu verzeichnenden Gegenstände zu den trigonometrischen Punkten erhält«, »Bezeichnung der schiefen Fläche«, »Von der Reduktion der Grundaufnahme á 1/25000 in einen kleineren Maasstab zu einer Opereationskarte«, »Von der Reduction zu einer Übersichtl. Karte á 1/1 000 000«.

116 Hier setzt eine gesonderte Seitenzählung ein. Die Tafeln sind: »I. Verwandlung der Sinus in Bogen«, II.–V. Logarithmen, VI. »preußische Ruthenzahl in Verhältnis zum Breitengrad gesetzt«, VII. »Breitengrade ins Verhältnis zu Blattgröße in Ruthen«, VIII. »Radien des ›Erdelipsoids‹ für den Halbmesse des Aquators = 1 oder 169318,15 preuß Ruthen und Abplattung 1/310«.

117 Beispiel 1: »RhenVermessung Dreieck No. V Kühfelder Stein, Signal Dünsberg, Signal Hasserot bei Biedenkopf«; Beispiel 2: »Funfzehn Dreiecke zur Vergleichung der engl. Basis von Rommney March, der französischen von Melun, der französischen von Ensisheim und der Grundlinie von Darmstadt mit der Grundlinie von Seebus berechnet im October 1820 von GeneralLieutnant Freiherrn von Müffling«.

118 Die Handschrift enthält eine Widmung aus dem Jahre 1960 von Pietsch. Ob die Zeichnungen tatsächlich von ihm stammen, ist fraglich, da die Bemerkungen teilweise in Sütterlin verfasst sind. Dementsprechend könnte die Handschrift durchaus älter sein.

Nr. 15
[Meding, von] Kurzer Abriß der Formationsgeschichte des I. Bataillons Großherzoglich Mecklenburgischen FüsilierRegiments Nr. 90, als dem Stamm des Regiments

Sign. 51 275, 4°, Potsdam, 23 S., nummeriert, Deutsch, Neugotisch, 1882[119]
Die Bataillonsgeschichte schildert die Entwicklung des Verbandes, beginnend mit den ersten Gründen eines landesherrlichen Wehrwesens in Mecklenburg während des 30-jährigen Krieges. Sie wurde vom Kommandeur des I. Bataillons, dem Major von Meding, 1882 verfasst. Die Bestallung des Obristen von Zülow am 6. Februar 1748 wird fälschlich[120] zur Geburtsstunde des stehenden Heeres in Mecklenburg erklärt. Dieser und anderen Ungenauigkeiten zum Trotze gibt die Handschrift wichtige Hinweise zur Entwicklung des mecklenburgischen Militärs bis zum Jahre 1867. Von den vier Anlagen, die Abschriften von Quellen präsentieren, verdient die zweite hier genannt zu werden. Sie vermittelt einen Überblick über die Kosten eines Regimentes an Gage und Mondierung.

Nr. 16
[Moltke, Helmuth Karl Bernhard von] Briefe aus Russland 15. August–September 1856

Sign. 90/012, Heeresbibliothek, 15 Bl., nummeriert, Deutsch, Neugotisch/Kurrent
Jene Briefe, die General Moltke als erster persönlicher Adjutant des Prinzen Friedrich Wilhelms verfasste, sind bereits in den 1870er Jahren mehrfach publiziert worden[121]. Sie widerspiegeln Moltkes Reise und Aufenthalt in St. Petersburg und Moskau, Städte, in denen er anlässlich der Krönung Zar Alexander II. weilte. Moltkes Briefe sind überwiegend persönlichen Inhalts, richten sie sich doch an seine Frau Marie. Sie zeichnen dennoch, neben vielen privaten Befindlichkeiten,

---

119 Besitzstempel: FF (bislang ungeklärt).

120 Erste mecklenburgische stehende Truppen existierten bereits 1652 in den Garnisonen Schwerin, Dömitz und Bützow. Unter Herzog Christian Ludwig (Louis) (1623–1692) erfuhr das Militär einen erheblichen Ausbau, der unter seinem Nachfolger Friedrich Wilhelm (1675–1713) unvermindert anhielt und schließlich unter dessen Bruder Karl Leopold einen zweifelhaften Höhepunkt erreichte. Klaus-Ulrich Keubke und Ralf Mumm, Mecklenburgische Militärgeschichte (1701–1918), Schwerin 2000, S. 7–15.

121 Zuerst in dänischer Sprache in der Kopenhagener Zeitung »Dagens Nyheder«, dann als Rückübersetzung in der Deutschen Rundschau im Februar 1877. Auf dieser ersten Veröffentlichung basierend, jedoch einige Mängel behebend, erschien noch im selben Jahr eine Ausgabe in Buchform. Dieses im Verlag der Gebrüder Paetel herausgegebene Werk wiederum floss zu einem sehr geringen Teil in eine Edition der Briefe Moltkes an seine Frau und in weitere Moltke-Ausgaben ein. Vgl. Feldmarschall Graf Moltke's Briefe aus Rußland, Berlin 1877; Helmuth von Moltkes Briefe an seine Braut und Frau und an andere Anverwandte, Bd 1, Stuttgart, Leipzig, Berlin, Wien 1894, S. 353–357; Helmuth von Moltke, Abend- und Morgenland. Aus seinen Reisebriefen und Tagebuchblättern. Hrsg. von Max Horst, Berlin [1938], S. 173–207.

2

nach aufgehobener Tafel erhob sich der Kaiser und [illegible] stürzte der Iswosch-
tschik, faßte die einzelnen Zügel in der weit ausgestreckten Händen
setzte sich auf die [illegible], legte den Körper zurück und nun ging es in
scharfem Trabe in der offenen Droschke durch die weitläufigen Anlagen von
Peterhof.
Peter der Große suchte wie Archimedes einen Stützpunkt außerhalb der Erde um die Erde aus ihren Angeln zu heben. Er fand ihn für
seine Reformen außerhalb des damaligen Reichs in den erst von
ihm eroberten schwedischen Provinzen. Dort baute er seine Europäische Stadt, und als sie fertig war Peterhof um zu sehen
wie sie sich ausnehme. Das Schloß ist ein ziemlich ausgedehntes
dreistöckiges Gebäude im französischen Styl. Es hängt durch Gallerien
mit 2 Pavillons zusammen. Die Farbe, gelb und weiß [illegible]
[illegible] mit dem [illegible] des Dachs und der überreichen
Vergoldung der [illegible]. Das Gebäude steht auf einer
etwa 40' hohen Terrasse, welche durch den natürlichen Abfall
des Festlandes zum finnischen Meerbusen gebildet wird. Den
etwa 1000 Schritt breiten Raum bis zum eigentlichen Meer-
strand füllen die Parkanlagen aus. Senkrecht ~~auf~~ von der Mitte
des Schlosses führt ein breites, gemauertes Bassin bis zur
Landetreppe am Meere, zu beiden Seiten von einer Reihe
von Springbrunnen eingefaßt, die so eine höchst eigenthümliche
Allee von Wasserstrahlen bilden. [illegible] der Durchsicht
in der ganzen ist von hohen, schwarzen Tannen umgeben, [illegible]
[illegible], über diesen Vordergrund weg, das Meer und am
Horizont die finnische Küste erblickt. Das Ganze macht einen schönen
und überraschenden Eindruck.
Auch der Park ist recht schön, und erhält seinen eigenthümlichen Ge-
[illegible] durch die zahllosen Wasserkünste. Die größten Fontainen
namentlich vor der Grotte unter der Mitte des Schlosses mögen
wohl etwa 50 bis 60' hoch und armdick springen, sind also mehr mit
Wilhelmshöhe als Sanssouci zu vergleichen. Aber ihre Zahl
ist endlos. Ueberall im Schatten der Bäume plätschert, rauscht
es aus Tempeln und Statuen, in Cascaden und Bassins. Der
Rasen ist freilich nicht der ~~ge~~ natürliche Sammet von Wind-
sor oder der künstliche von Glienicke aber er ist doch frisch und
grün. Den Baumschlag repräsentirt die Erle, die Weide, die
[illegible] und vor allem die Birke mit ihrem weißen Stamm, die Eiche
ist selten, die Linde und Ulme gepflanzt und gepflegt. [illegible]
[illegible] vertritt der blühende [illegible]. Malven, Rosen,
Georginen, die [illegible] Verboten des Herbst[illegible], ehe es
Sommer war, [illegible] einige [illegible] in das [illegible]
Grün. Alles übrige ist exotisch. Die Vegetation [illegible] man [illegible]

Nr. 16: Helmuth Karl Bernhard von Moltke, Briefe aus Russland

ein interessantes Bild vom russischen Hof, dem geographischen Umfeld und dem russischen Leben. Im Falle des im MGFA befindlichen Manuskriptes handelt es sich um eine *von Moltke persönlich* vorgenommene[122] Abschrift der Briefe.

Nr. 17
[Neander][123] Erklärung der Operationskarte welche die Feldzüge am Oberrhein unter Sr. Majestät dem König von Preußen, dem regierenden Herzog von Braunschweig, dem kaiserlich königlichen Feldmarschall Gräfin von Wurmser 1793, und unter dem Feldmarschall von Möllendorff 1794, dargestellt von Neander dem 2ten königl: Preußsh Seconde Lieutnant bei der Artillerie

Sign. 42 815, 2°, Potsdam, 45 S., nummeriert, Deutsch, Neugotisch/Kanzlei
Neander beabsichtigt eine detaillierte Schilderung der Feldzüge von 1793 und 1794 der antifranzösischen Koalition[124]. Leider ist die Karte, auf die sich seine Darstellung bezieht, bislang nicht auffindbar.

Wie in den meisten zeitgenössischen Relationen beginnt auch Neander mit einer geographischen Schilderung des Kriegsschauplatzes (»Beschreibung der Weissenburger Linien und deren Beschaffenheit im Jahr 1793«; »Beschreibung des Rhein-Strohms dessen Gegend und Terrain in militärischer Hinsicht«; Kurze Übersicht obiger Puncta in Bezug auf die Rhein Gegenden, S. 7–9), die ohne erkennbaren Umbruch in die Darstellung der Operationen übergeht. Am 2. Dezember 1792 marschierten preußische und hessische Verbände gegen Frankfurt, das trotz des französischen Widerstandes bereits nach einer Stunde Kampf in alliierte Hände fiel. Nach dieser kurzen Operation begaben sich die Koalitionstruppen in ihre Winterquartiere, in denen sie Verstärkungen durch kaiserliche und preußische Verbände erfuhren. Mit der im Frühjahr erfolgten handstreichartigen Einnahme der Festung Mainz beginnen die detaillierten Ausführungen Neanders zum Feldzug des Jahres 1793[125]. Einer Schilderung der Kämpfe im Vorfeld der Rückerobe-

---

122 Gem. Schreiben Deutsche Heeresbücherei (Unterschrift: Basla) vom 14.1.1927; Kurzreferat Bibliothek MGFA.

123 Bei dem Verfasser könnte es sich um Adolph Theopald von Neander, einen Bruder des Johann Friedrich Wilhelm Neander von Petersheiden handeln. Johann Friedrich nahm gleichfalls an dem hier beschriebenen Feldzug teil, erlebte auch die Belagerung der Festung Mainz und war ebenfalls Artillerieoffizier. Er befand sich jedoch bereits zu diesem Zeitpunkt im Dienstgrade eines Kapitäns und bekleidete den Posten eines Kompaniechefs. Da Neander auf dem Deckblatt von sich behauptet, er sei Seconde-Leutnant, könnte der Militärschriftsteller Adolph Theobald von Neander die Schrift verfasst haben. Adolph Theobald Neander schrieb unter anderen ein 1809 erschienenes Handbuch für den Artilleristen. Adolph Theobald Neander d. Ältere, Praktisches Hand- und Unterrichtsbuch für den angehenden Artilleristen oder auf eigene Erfahrung gegründete Anweisung die Artillerie-Wissenschaft im ganzen Umfange und bis zum kleinsten Bedürfnisse kennen zu lernen, Leipzig 1809 (MGFA Sign. 59 519). Kurt von Priesdorff, Soldatisches Führertum, Bd 3, Hamburg [1937], S. 342.

124 Neander, Erklärung der Operationskarte, S. 5.

125 Ebd., S. 10.

rung von Mainz folgen ausführliche Betrachtungen zum Angriff des Herzogs von Braunschweig auf die Stellungen beim Ketterischen Hof bei Pirmasens (16. August) einschließlich der Gefechtsdisposition[126].

Da die Disposition wörtlich wiedergegeben wird, bietet sie interessante Einblicke in die Organisation und Ablaufplanung eines Gefechts. Ihr einfacher Aufbau ist dem Schema unterworfen: 1. Durchführende Einheit, 2. Stärke/Kräfteansatz, 3. Auftrag. Sie beginnt mit den Worten:

> »Heute Abend um 10 Uhr sezt sich der Major von Kleist mit seinem Corps links abmarschiert in Marsch, 3 Jäger Compagnien, welche der Major Spitznas commandiert, marschieren mit. Auf diese folgen 3 Bataillons vom Regiment Prinz Ferdinand und ein Bataillon von Borck.«

Neander legt hieran anschließend den zweiten Teil der preußischen Operationsführung in jenem Feldzug dar, den erfolgreichen Angriff auf die »Weissenburger Linien« und den anschließenden Abzug der Franzosen ins Elsass.

Den Feldzug des Jahres 1794 betrachtend, beginnt Neander in Kurzfassung mit dem niederländischen Kriegsschauplatz, ohne jedoch einen Blick auf die politischen Verhältnisse und Hintergründe darzubieten[127]. Sowohl bei der Schilderung der militärischen Ausgangssituation, als auch bei der Operationsführung konzentriert sich der Verfasser sehr einseitig auf die Koalitionstruppen. Die für den 22. Mai 1794 geplante sächsisch-preußische Offensive beschreibt Neander wiederum anhand der von Feldmarschall Möllendorf erlassenen Disposition[128]. Von besonderem heutigen Interesse dürfte hierbei der Einsatz eines kleinen, aus leichten Truppen bestehenden Detachements[129] sein, das unter Führung des Obristen Lebrecht von Blücher stand. Blücher erhielt den Auftrag, seine Truppen bei Neuleiningen zusammenzuziehen und sich bei einbrechender Nacht in Richtung Kaiserslautern in Bewegung zu setzen, um bis auf eine Stunde vor Alseborn zu marschieren

> »wo er sich in den dortigen Büschen versteckt und geschlossen zusammenhält, und um sich nicht zu früh zu entdecken seine Posten nur ganz nahe um seine Position aussetzet, auch keine andere Patrouillen vor poussirt, als zur rechten nach der von Gellheim kommenden Straße, um sich dadurch mit der Avantgarde des GenMajor von Rüchel in Verbindung zu setzen. Der Herr Oberst von Blücher muß sich mit Arbeiter[n] versehen, um ihm vorkommende Verhaue und sonstige Hinderniße aus dem Wege räumen zu können[130].«

Die wesentlichen Ansätze der Disposition konnten tatsächlich umgesetzt werden. So gelang es Möllendorf, sämtliche französischen Verschanzungen bei Vorlautern

---

[126] Ebd., S. 15 f.

[127] »ich lasse selbige darum hier ungesagt, weil dieses Werkchen nur, wie bereits angezeiget, dazu bestimmt ist, um dasjenige anzuzeigen, was bei der Fortsetzung des Krieges im Jahr 1794 die Armeen unternommen haben, und wie selbige geführt worden sind. Dieses sind Facta, womit sich Kriegs-Männer beschäftigen und allenfals diejenigen, so da wißen und einsehen wollen, auf was art und weise eine so große Armee, als eine Maschine in Bewegung und zweckmäßige Wirkung gesezt wird.« Ebd., S. 29.

[128] Ebd., S. 30–41.

[129] 5 Eskadronen, 3 Füsilierbataillone und 3 Kompanien Fußjäger.

[130] Neander, Erklärung der Operationskarte, S. 30 f.

und Kaiserslautern zu nehmen und seinen Gegner weit über Trippstedt und Pirmasens zu vertreiben. Den zur selben Zeit gegen die französische Rheinarmee operierenden preußisch-österreichischen Verbänden war weniger Glück beschieden. Während der Erbprinz zu Hohenlohe-Ingelfingen mit seinen Preußen gute Erfolge verbuchte, geriet das österreichische Korps unter Fürst Hohenlohe-Kirchberg in Bedrängnis. Einer knappen zweiseitigen Schilderung der militärischen Aktionen bis zum Oktober 1794 folgt ein kurzer Abschnitt über wesentliche Ereignisse des Jahres 1795 und schließlich die Erwähnung des Baseler Friedensschlusses.

Nr. 18
Niedere Taktik

Sign. 07/754, Freiburg, 79 Bl., nicht nummeriert, Deutsch, Neugotisch/Kurrent
Im Falle des Manuskriptes »Niedere Taktik« handelt es sich um vorschriftsähnliche Ausführungen zur preußischen Truppenführung auf niederer Ebene. Der Einzelsoldat, die Rotte und schließlich die Kompanie stehen im Zentrum der Betrachtungen. Dem Inhalte nach ließe sich das Manuskript in zwei Abschnitte gliedern. Während sich der erste Teil zunächst allgemein-militärischen Fragen, dann der Ausbildung des Soldaten widmet, wendet sich der Verfasser anschließend Themen des konkreten Aufbaus der preußischen Armee zu.

Im ersten Abschnitt definiert er beispielsweise Begriffe wie Kriegsheer, Armee, Corps, Detachement, beschreibt Gliederung und innere Struktur der Infanterie, Kavallerie und Artillerie sowie die Aufstellung von Truppenkörpern im Gefecht. Bedeutenden Raum nimmt die »Ausbildung des einzelnen Mannes« ein. Jenes Kapitel befasst sich in erster Linie mit der Vorbereitung des Einzelschützen auf das Gefecht. Aspekte des »Formaldienstes« stehen hierbei im Vordergrund.

Der zweite Abschnitt beginnt mit einer Übersicht über die Gliederung der preußische Armee. Sodann wird die Stärke und Zusammensetzung der einzelnen Regimenter behandelt. Anschließend widmet sich der Autor des Manuskriptes dem Aufmarsch und dem »Schwenken« von Truppenkörpern.

Die zeitliche Einordnung der Handschrift fällt schwer, da der einzelne Soldat im Vordergrund der Betrachtung steht und wenig zum allgemeinen Einsatz größerer Truppenkörper dargeboten wird. Zwar findet die Ausbildung von »Tirailleuren« oder »Einzelschützen«, die für die Zeit ab 1806/13 in Preußen typisch wäre, nirgends Erwähnung. Andererseits werden Kolonnen beschrieben, die von den Bataillonen gebildet wurden und auch der Begriff »Division« kommt des Öfteren vor. Dementsprechend muss die Handschrift nach der preußischen Heeresreform und vor der Roonschen Heeresreorganisation entstanden sein. Es handelt sich also eindeutig um ein Dokument aus der Zeit der Kolonnentaktik (mit Btl.-Kolonne; 1813/14–1859/62).

Nr. 19
Reglement Vor die Garnison zu Dresden de anno 1746

Sign. Q MIL XXIII/453, 2°, Potsdam, 182 Bl., nicht nummeriert, Deutsch, tlw. gedruckt, Neugotisch/Fraktur
Unter diesem Titel verbergen sich mehrere normsetzende Schriften für die Dresdener Garnison[131]. Sie bieten detaillierte Einblicke in den militärischen Dienstalltag. Fragen der Wachgestellung, des formalen Verhaltens der Posten, des Umganges mit Arrestanten und mit der Stadtbevölkerung stehen im Vordergrund der Ausführungen. In dem Reglement, das den größten Umfang innerhalb dieses Bandes einnimmt, wird zudem die Funktion des Militärs bei »polizeylichen« Aufgaben deutlich; etwa wenn in Abschnitt VII. 10 den Wachen befohlen wird, Betteln und Hausieren nicht zu dulden. Wenige Paragraphen später (VII. 15) tritt das Militär in seiner repräsentativen wie auch repressiven Rolle hervor:

> »Wann Execution gehalten wird, daß Delinquenten von Leben zum Tode gebracht werden so versamlet sich das Commando vor ihres Commendantenquartier von da es stille auf dem Judenhoff und von dar aber mit klingendem Spiel auf dem ExecutionsPlatz marschieret, nach geschehener Execution wiederum mit TroppSchlagen zurück auf den Judenhoff marchiret, und allda abdancket.«

Und auch zu dem bislang nur wenig erforschten Thema der »militärischen Exekution« bietet das Manuskript interessante Hinweise[132]. Sozial-, kultur- und stadtgeschichtlich ist das Dokument von Wert. Den Umgang mit Postbeamten, mit Leichentransporten, Handwerksumzügen, »Müllabfuhr«[133] und Standespersonen regelt diese Vorschrift, ebenso die Aufsicht über standesgemäßes Verhalten, beispielsweise das Tragen von Degen.

Dem Reglement folgt als erste Anlage[134] eine »Tabella Über die Besatzung in Dresden und Neustadt bey Dresden den 1 Octobr 1746«. Ein weiteres Dokument gibt Aufschluss »Was die Schild-Wachten auf ihren Posten zu observieren haben«.

---

[131] Wie die Signatur verrät, wurde das Reglement im Zuge der Umsetzung des Kontrollratsbeschlusses Nr. 4 eingezogen. Es gehörte dann zunächst dem Institut für Deutsche Geschichte der Karl-Marx-Universität Leipzig bevor es, vermutlich 1958, in den Besitz des Militärgeschichtlichen Instituts wechselte.

[132] »Wann die GeneralAccis, ingleichen der Steuer Fourier bey dem Wachthabenden Capitain sich um einige Mannschafft zur Execution auf der Hauptwacht meldet, sind ihr solche zwar zu verabfolgen, jerdennoch aber daßelbe wie bey allen andern dem Gouverneur oder der in deßen abwesenheit commandiret, wie ingleichen dem PlatzMajor zu melden« (Art. VII 27).

[133] Beispielsweise: »Vom 1ten Juny biß zu Michaelis darff kein Cloac-Mist ausgefahren werden« »Der Cloac-Mist hingegen inst von 1ten Juny biß 14. Sept. gar nicht Zum Thor weder in Dresden noch in der Neustadt hinauszulassen« Dort werden genau Zeiten angegeben: »zu welem Ende dann gedachter Unflath [...] aus denen Häusern auf die Gaße geschafft werden kann« (Art. VII 57, 58).

[134] Neben den hier beschriebenen Anlagen beinhaltet das Buch zwei Druckschriften, nämlich eine Verpflegungsordonnanz vom 7.9.1714 und die »Feuer=Ordnung, vor allhiesige Garnison zu Dresden« (16.5.1746) sowie die Abschrift eines Briefwechsels über Ausschreitungen und Verstöße gegen die Polizey.

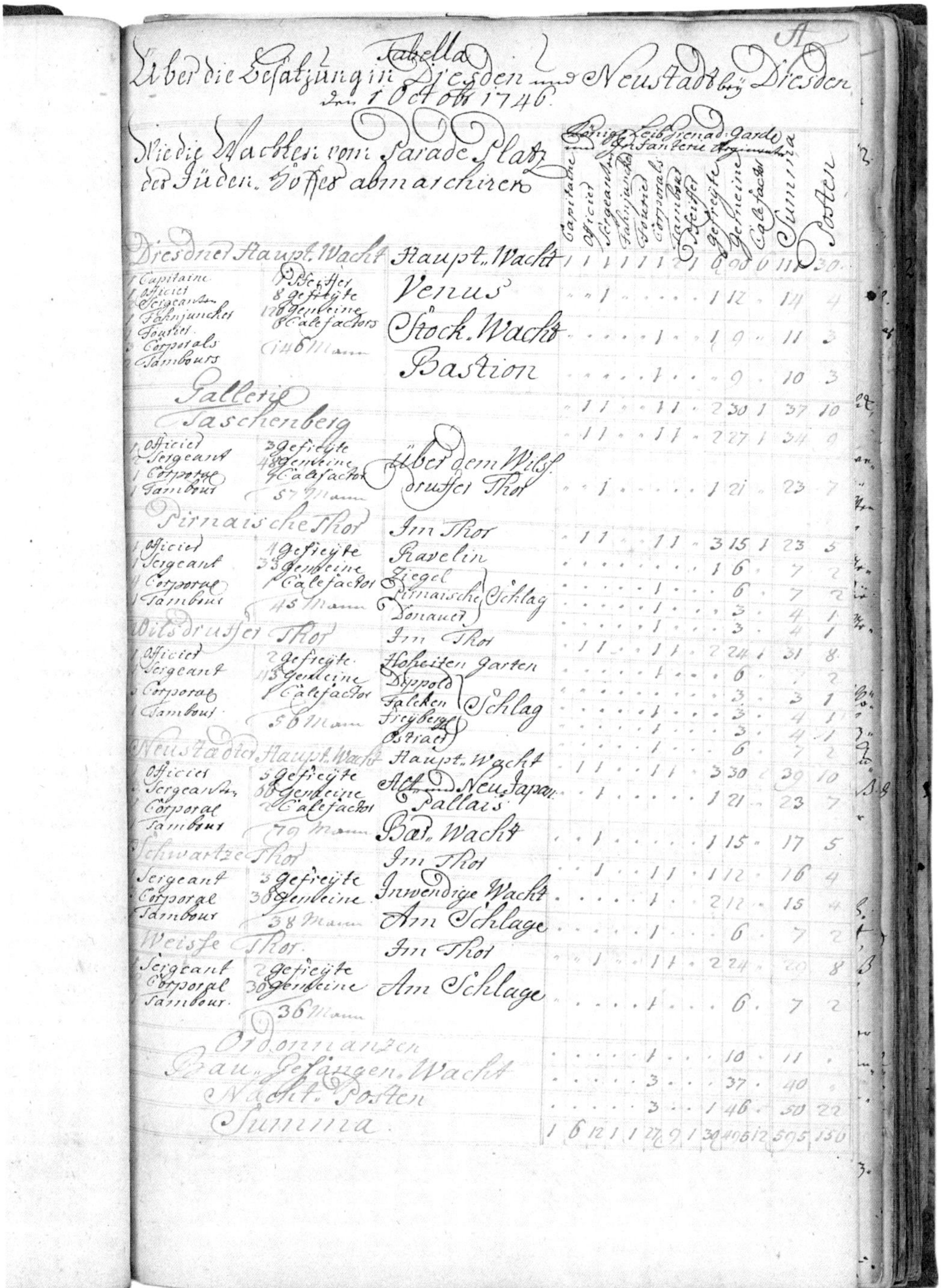

A

Tabella

Über die Besatzung in Dresden und Neustadt bey Dresden den 1 Octobr 1746.

Wie die Wachten vom Parade Platz der Jüden-Höffer abmarschiren

Königl. Leib Grenad. Garde und Infanterie Regimenter

Wache	Besetzung	Posten	Capitaine	Officier	Sergeanten	Fahnjuncker	Fouriers	Corporals	Tambours	Pfeiffer	Gefreyte	Gemeine	Calefactors	Summa	Posten
Dresdner Haupt-Wacht	1 Capitaine, 1 Officier, 1 Sergeanten, 1 Fahnjuncker, 1 Fourier, 2 Corporals, 1 Tambours, 1 Pfeiffer, 8 Gefreyte, 120 Gemeine, 8 Calefactors; 146 Mann	Haupt-Wacht	1	1	1	1	1	2	1	.	6	90	6	11[illegible]	30
		Venus	.	.	1	.	.	.	.	.	1	12	.	14	4
		Stock-Wacht	.	.	.	.	.	1	.	.	1	9	.	11	3
		Bastion	.	.	.	.	.	1	.	.	.	9	.	10	3
Gallerie			.	1	1	.	.	1	1	.	2	30	1	37	10
Taschenberg	1 Officier, 2 Sergeant, 1 Corporal, 1 Tambour, 3 Gefreyte, 48 Gemeine, 4 Calefactor; 57 Mann		.	1	1	.	.	1	1	.	2	27	1	34	9
		Über dem Wilsdruffer Thor	.	.	1	.	.	.	.	.	1	21	.	23	7
Pirnaische Thor	1 Officier, 1 Sergeant, 1 Corporal, 1 Tambour, 4 Gefreyte, 33 Gemeine, 1 Calefactor; 45 Mann	Im Thor	.	1	1	.	.	1	1	.	3	15	1	23	5
		Ravelin	.	.	.	.	.	.	.	.	1	6	.	7	2
		Ziegel Schlag	.	.	.	.	.	1	.	.	.	6	.	7	2
		Pirnaische Schlag	.	.	.	.	.	1	.	.	.	3	.	4	1
		Donauer Schlag	.	.	.	.	.	1	.	.	.	3	.	4	1
Wilsdruffer Thor	1 Officier, 1 Sergeant, 3 Corporal, 1 Tambour, 2 Gefreyte, 43 Gemeine, 1 Calefactor; 50 Mann	Im Thor	.	1	1	.	.	1	1	.	2	24	1	31	8
		Hoheiten Garten	.	.	.	.	.	1	.	.	.	6	.	7	2
		Dippold Schlag	.	.	.	.	.	.	.	.	.	3	.	3	1
		Falcken Schlag	.	.	.	.	.	1	.	.	.	3	.	4	1
		Freyberger Schlag	.	.	.	.	.	1	.	.	.	3	.	4	1
		Ostraer Schlag	.	.	.	.	.	1	.	.	.	6	.	7	2
Neustädter Haupt-Wacht	1 Officier, 2 Sergeanten, 1 Corporal, 1 Tambour, 5 Gefreyte, 66 Gemeine, 2 Calefactor; 79 Mann	Haupt-Wacht	.	1	1	.	.	1	1	.	3	30	2	39	10
		Alt und Neu Japan. Pallais	.	.	1	.	.	.	.	.	1	21	.	23	7
		Bat. Wacht	.	.	1	.	.	.	.	.	1	15	.	17	5
Schwartze Thor	1 Sergeant, 1 Corporal, 1 Tambour, 3 Gefreyte, 30 Gemeine; 38 Mann	Im Thor	.	.	1	.	.	1	1	.	1	12	.	16	4
		Inwendige Wacht	.	.	.	.	.	1	.	.	2	12	.	15	4
		Am Schlage	.	.	.	.	.	1	.	.	.	6	.	7	2
Weisse Thor	1 Sergeant, 1 Corporal, 1 Tambour, 2 Gefreyte, 30 Gemeine; 36 Mann	Im Thor	.	.	1	.	.	1	1	.	2	24	.	2[illegible]	8
		Am Schlage	.	.	.	.	.	1	.	.	.	6	.	7	2
Ordonnanzen			.	.	.	.	.	1	.	.	.	10	.	11	.
Bau-Gefangen-Wacht			.	.	.	.	.	3	.	.	.	37	.	40	.
Nacht-Posten			.	.	.	.	.	3	.	.	1	46	.	50	22
Summa			1	6	12	1	1	27	9	1	30	405	12	505	150

Nr. 19: Reglement Vor die Garnison zu Dresden

Wertvoll erscheint die Anlage H[135], da sie einen Überblick über die vergleiteten[136] Juden in Dresden gibt.

Nr. 20
Relations de la bataille du 18 juin 1757 bei Kolin

Sign. 59 778, 2°, Potsdam, 105 Bl./7 Karten, Stücke/Abschnitte nummeriert, Seiten teilweise nummeriert, Deutsch/Französisch, Neugotisch/lateinische Umschrift
Das 160-seitige Manuskript Relations touchantes la Campagne des Autrichiens 1757 par M. le G[ene]ral d'Hallot bildet den Hauptbestandteil dieser Handschrift. Daneben finden sich unterschiedliche Nachrichten über die Kampfhandlungen des Jahres 1757, beispielsweise ein Eid der sächsischen Truppen (5[137]), der Augenzeugenbericht eines Teilnehmers der Schlacht bei Kolin (6) und Abhandlungen über die Gefechte des böhmischen Feldzuges der preußischen Armee (2, 4). Der Band enthält zudem 7 handgezeichnete und gedruckte Karten (7–13/15–18)[138]. Er stammt vermutlich aus der alten Wehrkreisbücherei IV Dresden[139].

Nr. 21
[Scharnhorst, Gerhard von] Vorlesungen des Obristen von Scharnhorst zu Berlin im Winter von 1804 bis [180]5

Sign. 90/579, Heeresbücherei, 206 S., Deutsch, Neugotisch/Kanzlei
Das 206-seitige Manuskript beinhaltetet detaillierte und in sehr sauberer Handschrift niedergelegte Vorträge Gerhard Johann David von Scharnhorsts. Angesichts des gleichmäßig-schönen Schriftbildes dürfte es sich nicht etwa um Mitschriften, sondern um vor- oder nachbereitende Aufzeichnungen handeln. Sie sind mit zahlreichen detaillierten Skizzen versehen.

Im Zentrum der Betrachtungen stehen taktische Überlegungen über Posten und Feldwachen. Knappen theoretischen Überlegungen folgen zumeist ausführli-

135 Specification Dererjenigen Juden, so theils Kraft königlicher Privilegien und Camer=Passe, oder sonst wesentlich bey hiesiger Königl. Residentz sich aufzuhalten Erlaubniß haben.

136 Mit Schutzbrief/Aufenthaltsgenehmigung versehen.

137 Die eingeklammerte Zahl gibt das »Stück« an.

138 7. Lager der kayserlichen königl. Armeé unter dem Comanndo des Prinz Carl v. Lothringen im Jahr 1757; 8. Plan du Camp du Corps Prussne á Nollendorf commande par le F.M. Keith du 29. Jusqu'au 30. Juillet 1757; 9. Lager des Preuss Corps unter dem Comando des Gen. Feld Marschalls v. Keith bey Dresden d. 2ten Augt. 1757, 10. Lager der Kayserl:Königl:Trouppen unterm Feld-Marschall Graf Daun, bis zu der bey Kolin vorgefallenen; 11. Ohne Titel (Schlacht zwischen Zittau und Hirschfeld 14.7.1757); 12. Ohne Titel (Lager Dauns nach der Koliner Schlacht); 13. Plan der königl. Preussischen Stadt und Vestung Memel; 15. Plan de la Bataille pres de Kreczor, entre Planian; 16. Plan dela bataille de Krzeczow; 17. Plan von der Bataille welche den 18. Juny ao. 1757 [...] vorgefallen; 18. Plan von der Bataille welche den 18. Juny 1757 geliefert worden.

139 Obschon kein Stempel oder Eintrag die Herkunft des Werkes vermittelt, so ist dieser Schluss doch aufgrund des Einbandes zulässig. Dieser deckt sich mit Potsdam Sign. 59 664.

che fiktive und »kriegsgeschichtliche« Beispiele, die alle der Zeit Scharnhorsts entstammen. So bieten sie detaillierte Ausschnitte aus den Gefechten, die sich im Zuge der Verteidigung des belgischen Menin im Jahre 1794 ergaben[140].

Scharnhorsts Ausarbeitung gliedert sich in 88 Paragraphen, von denen die wenigsten mit einer Überschrift versehen sind, so dass der geneigte Betrachter sich schnell einen Überblick über inhaltliche Schwerpunkte verschaffen kann[141].

Nr. 22
Special Vollmacht

Sign. 03 955, Potsdam, Deutsch, Neugotisch/Kurrent und Kanzlei
Hinter der Signatur 03 995 verbirgt sich eine Sammlung kleinerer Dokumente.

1. Special Vollmacht vom 24. Dezember 1792 und 13. April 1794/Christoph Friederich von Hünecke [Sonst.]; Heinrich Ludwig von Hünecke [Sonst.]; Rosentreter. – Dedeleben, 1794. – 1 Bl.

Der Justizamtmann Rosentreter erhielt am 24. Dezember 1792 von Christoph Friedrich und Heinrich Ludewig von Hünecke Vollmacht, das von dem verstorbenen Baron Christoph Friedrich Ludewig von Hünecke hinterlassene Rittergut Dedeleben bei der Landesregierung Halberstadt einzutragen und die bereits bezahlten Schulden löschen zu lassen. Die beiden Söhne des verstorbenen Barons versprachen, den Amtmann für alle Unannehmlichkeiten finanziell zu entschädigen. Auf einem beigefügten Protokoll des Königlich Preußischen Leibregimentes wurde Heinrich Ludwig am 13. April 1794 die Echtheit der vorstehenden Vollmacht bestätigt.

---

140 Die Verteidigung oblag dem hannoverischen General Rudolf Georg Wilhelm Freiherr von Hammerstein (1735–1811), als dessen erster Generalstabsoffizier Scharnhorst zu jenem Zeitpunkt arbeitete. Ihm kam wesentlicher Anteil an dem geglückten Ausbruch der Besatzung zu. Carl von Clausewitz, Über das Leben und den Charakter von Scharnhorst. In: Carl von Clausewitz, Ausgewählte militärische Schriften. Hrsg. von Gerhard Förster und Dorothea Schmidt, Berlin (Ost) 1980, S. 350–383, hier: S. 350 f.

141 Die überschriebenen Paragraphen lauten: § 3 Aussetzung der Kavalleriefeldwacht im offenen Terrain; § 5 Anwendung auf eine Kavalleriefeldwacht von 72 Pferden; § 6 Beispiel einer Feldwachten, Aussetzung der Feldwacht die auch überfallen wurde; § 8 Beispiel von dem guten Verhalten einer Kavalleriefeldwacht von 20 Mann; § 12 Ausgang des obigen Gefechtes (bei Menin); § 15 Kavalleriefeldwacht in coupiertem Terrain; § 16 Verhalten des Escdr. Comandeur in Hinsicht auf den Hauptposten Bourdenau; § 25 Ausstellung von Infanteriewachten; § 40 Untersuchung des Postens von Werwitz; § 41 Über Sicherheits-Anordnungen einer Armee oder eines Corps (Fortsetzung des § 33); § 52 Regeln bei der Verteidigung einer solchen systematischen Anordnung in Rücksicht des Systems; § 54 Vorteile der eben beschriebenen Anordnung; § 55 Beispiele von denen sich bei Vorposten ereignenden Fällen; § 60 Anwendung der in 24 § enthaltenen Vorteile der systematischen Anordnung; § 67 Allgemeiner Vorgang; § 73 Mittel, durch welche ein Posten oder Brigade einem Angriff eine Zeitlang wiederstehen kann, ohne selbst in Gefahr zu kommen; § 74 Nicht von der Brig: [ade] abhängig; § 75 Mittel in der Brigade selbst; § 77 Regeln bei der Anordnung einer Postierung einer Brigade; § 79 Beispiel einer nicht anwendbaren Frontal-Verteidigung; § 80 Postierung zur Deckung der Winterquartiere; § 81 Dislocation der verschiedenen Korps nebst ihrer Stärke; § 82 Dispositiones; § 83 Detaillierte Dispetition für den Posten in Bentheim; § 86 Einige Anmerkungen; § 88 Vom Rückzuge; (ohne §-Angabe) Über den Rückzug einzelner Posten.

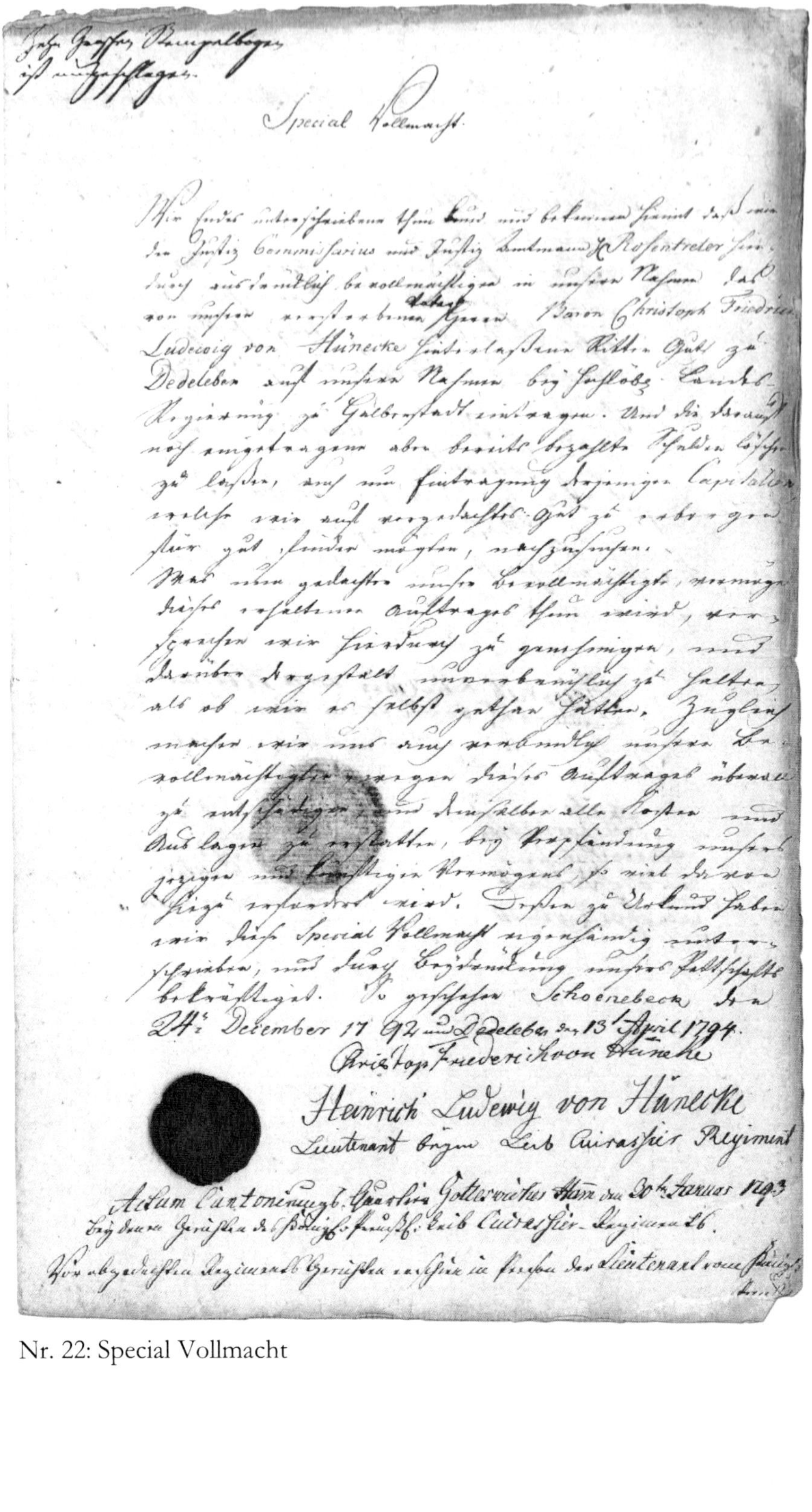

[illegible] Stempelbogen ist umgeschlagen.

Special Vollmacht.

Wir Endes unterschriebenen [illegible] und bekennen hiermit daß wir den Justiz Commissarius und Justiz Amtmann Rosentreter hierdurch ausdrücklich bevollmächtigen in unserm Namen das von unserm verstorbenen Vater Herrn Baron Christoph Friedrich Ludewig von Hünecke hinterlassene Ritter Gut zu Dedeleben auf unsern Namen bey hochlöbl. Landes Regierung zu Halberstadt eintragen. Und die darauf noch eingetragenen aber bereits bezahlten Schulden löschen zu lassen, auch die Eintragung derjenigen Capitalien welche wir auf vorgedachtes Gut zu erborgen für gut finden möchten, nachzusuchen.

Was nun gedachter unser Bevollmächtigter vermöge dieses erhaltenen Auftrages thun wird, versprechen wir hierdurch zu genehmigen, und darüber dergestalt unverbrüchlich zu halten als ob wir es selbst gethan hätten. Zugleich machen wir uns auch verbindlich unsern Bevollmächtigten wegen dieses Auftrages überall zu entschädigen, und demselben alle Kosten und Auslagen zu erstatten, bey Verpfändung unsers jetzigen und künftigen Vermögens, so viel dazu [illegible] erfordert wird. Dessen zu Urkund haben wir diese Special Vollmacht eigenhändig unterschrieben, und durch Beydrückung unsers Pettschafts bekräftiget. So geschehen Schoenebeck den 24. December 1792 und Dedeleben den 13. April 1794.

Christoph Frederich von Hünecke

Heinrich Ludewig von Hünecke
Lieutenant beym Leib Cuirassier Regiment

Actum Cantonierungs Quartier [illegible] den 20. Januar 1793
bey dem Gerichte des Königl. Preuß. Leib Cuirassier Regiments [illegible]

Vor abgedachtem Regiments Gerichte erschien in Person der Lieutenant von Hünecke [illegible]

Nr. 22: Special Vollmacht

2. Instruction Friederich des Großen für die General Majors der Infanterie, 16 S. Bei den vorliegenden Instruktionen handelt es sich um Abschriften, die jedoch die Originalunterschrift Friedrich des Großen tragen. Die Echtheit der Unterschrift wurde in einem beigefügten Blatt auf den Titelseiten von Gustav Droysen bestätigt. Es darf aus diesem Grunde hier vollständig wiedergegeben werden.

Am 14. August 1748 sandte Friedrich II. dem Generalmajor Lestwitz folgendes Schreiben:

> »Mein lieber GeneralMajor von Lestewitz! Aus was Ursachen Ich vor gut gefunden habe, Meiner gesamten GeneralMajors von der Infanterie beykommende Instruction zu ertheilen, solches werdet Ihr aus derselben mit mehrern ersehen. Ich sende Euch demnach solche hierbey zu, mit Befehl, daß Ihr selbige wohl und mit allem Bedachts durchlesen und Euch derer Einhalt auf das genauste bekannt machen sollet, um in KriegesZeiten so wohl, als in Friedenszeiten, den gehörigen Gebrauch davon machen zu können. Ich befehle aber zugleich, daß Ihr diese Instruktion auf das allergeheimste halten und solche an Niemanden auf der Welt zeigen noch lesen laßen, am allerwenigsten aber eine Abschrift davon nehmen, noch extract:weise etwas daraus communiciren sollet. Ich verbiete Euch demnächst auf Euren Eydt, Pflicht und Ehre, daß Ihr von dieser Instruction und derer Einhalt gegen Niemanden einmahl sprechen und etwas erwehnen sollet, als nur allein gegen Generals, welche würcklich bey meiner Armee in Diensten stehen und wann Ihr mit denenselben allein seydt, so, daß außer ihnen Niemand was davon höret, mit anderen meiner Officiers davon zu reden, wird Euch hierdurch untersaget, gegen Fremde etwas davon zu erwehnen oder daraus etwas zu sagen, ist schlechterdings wider Ehre und Pflicht gehandelt. Ihr sollet auch diese Instruction jedes mahl sehr sorgfältig verwahren, damit Euch solche niemals von Handen kommen oder verlohren werden könne, vielmehr soll das Exemplar dieser Instruction jedes mahl wie eyßere bey Eyrem Regiment bleiben, dergestalt. Daß wann eine Anderung wegen Eures jetzo unterhabenden Regiments geschehen sollte, als dann solche jedes mahl derjenige General, so Euer Regiment wieder bekäme solche Instruction auch wiederum mit bekommen muß. Wornach Ihr Euch dann in allen Stücken wohl zu achten habet. Ubrigens befehle Ich bey dieser Gelegenheit annoch, daß wann Ich als denn bey dieser Gelegenheit Mir alles, was Ihr wegen des Regiments und deßen Noth darauff, auch wegen der Umstände derer Officiers von solchen und was Ihr sonsten nöthig finden möchtet, sagen sollet, damit Ich Euch deshalb bescheiden, und wann es nöthig ist selbst nach den Umständen sehen kann. Ich bin Euer wohl affectionirter König Potsdam den 14. August 1748 Instruction vor die General-Majors von der Infanterie vom 14. August 1748.«

Vor der Instruktion ist auf einem kleinen Zettel folgende Anmerkung verzeichnet: »Nach Angabe des Herrn Prof. Droysen ist das Manuskript kein ›Original‹ sondern nur eine allerdings eigenhändig unterzeichnete Ausfertigung«. In der Begründung Friedrichs heißt es:

> »Weil Ich bisher zu Meinem besonderen Mißvergnügen gesehen habe, daß die Generals nicht allemahl das jenige præstiret, was Ich von ihnen erwartet habe; So bin Ich dadurch endlich vollkommen überzeuget worden, daß die Schuld an mich gelegen, weil es Ihnen an meiner Instruktion gefehlet hat.«

Der General muß sowohl die höhere Truppenführung beherrschen, als auch in der Lage sein, eine Kompanie oder ein Bataillon zu exerzieren. Die Instruktion gliedert sich in zwei Teile: 1.) Von dem Dienst im Felde, 2.) Von Detachements, 3.) Von Detachements auf Postirungen.

Im ersten Teil finden sich Anweisungen, wie der General das Wohl seiner Brigade bewirkt, wie er der Desertion vorbeugt (14 Punkte), wie er sich auf dem Marsch, und schließlich wie er sich in der Schlacht zu verhalten hat. Im zweiten und dritten Abschnitt erörtert Friedrich das Verhalten der Generäle bei Detachements. Detachiert wird, so der König, um »Convois« zu decken oder um den Feind in dessen »Convoi« zu fallen.

Nr. 23
Tempelhoff, Georg Friedrich von, Manuscripte über den siebenjährigen Krieg auf Veranlassung des General-Major v. Tempelhoff zusammengestellt von ausgeschiedenen Offizieren jener Zeit 1787

Sign. Q 42 815, 8°, Potsdam, 3 Bde, Stücke/Abschnitte nummeriert, Seiten teilweise nummeriert, Deutsch/Französisch, Neugotisch/lateinische Umschrift
Georg Friedrich von Tempelhoffs Übersetzung der Geschichte des Siebenjährigen Krieges von Henry Lloyd und deren Fortsetzung gilt nach wie vor als Klassiker der Geschichtsschreibung über den ersten weltumspannenden militärischen Konflikt. Der preußische Generalmajor, selbst Veteran des längsten friderizianischen Krieges, beließ es keineswegs bei einer bloßen Transkription, sondern vertiefte sich selbst intensiv in die Problematik. Im Zuge der Vorbereitung seiner umfangreichen Publikation ließ er sich von unterschiedlichsten Personen Dokumente und Berichte über die Schlachten und Feldzüge zutragen. Besonders gereichte ihm hierbei seine Stellung als Direktor der Berliner Artillerie-Akademie zum Vorteil. Die Handschrift *Manuscripte über den siebenjährigen Krieg* bildet ein Sammelsurium unterschiedlichster Aufzeichnungen. Leider befinden sich in der Bibliothek des MGFA nur drei von ursprünglich vier Bänden. Der Verbleib des 4. Bandes ist ungeklärt.

Der erste Band enthält Notizen über die Schlachtordnung, Stärke und Gliederung der einzelnen Kriegsparteien sowie eine tagebuchähnliche Beschreibung der Truppenverlegungen bei Beginn der Feindseligkeiten. Sie wurden von einem Offizier zur Papier gebracht, der selbst nicht an den Kämpfen teilnahm. Daneben enthält der Band unter anderem eine Schilderung der Schlacht bei Kolin in französischer Sprache, Nachrichten über die Feldzüge des Jahres 1757/59, über die Schlacht bei Breslau. Das zweite für 1757 verzeichnete Stück beinhaltet die Führung eines Teiles der preußischen Armee durch Prinz Heinrich und die hieraus resultierenden Zerwürfnisse zwischen dem König und seinem Bruder.

Während der erste Band nur sechs Manuskripte enthält, erweist sich der *zweite Band* [142] als weitaus gegliederter. Aufstellung und Struktur der preußischen Trup-

---

[142] 1. Brief über die Positionierung der Truppen vor Ollmütz vom 2. Juni 1758, 2. »Journal von der Campagne anno 1759«, 3. »Fortsetzung der Campagne des Regimentes Prinz Heinrich von Ao. 1759«, 4. »Winterquartier von Ao 1756«, 5. »Die Campagne von 1760«, 6. »Relation von der Action bey Landshuth den 23ten Juny 1760« 7. »Relation wegen des Herrn Grafen von Tottleben seiner Expedition auf Berlin« (1760), 8. Schlachtordnung der bei Torgau am 3. November 1760

pen, fortgesetzte Betrachtungen über Prinz Heinrichs Kriegführung, Nachrichten über die Feldzüge der Jahre 1758 bis 1761, Einsatz in »Postierungen« sowie Marsch und Aufenthalt in Winterquartieren sind nur einige der dargebotenen Themen. Interessant erscheint eine in Tagebuchform dargelegte Übersicht über Operationen eines russischen Korps unter Generalleutnant Romanzow, weil in diesem Text die einseitig preußische Sicht auf den Krieg verlassen wird.

Von besonderem Wert ist zudem die Abschrift eines Briefes Friedrichs II. an den General von Platen[143]. Der König lobt den General für seine hervorragende Operationsführung, die er an keinem anderen General bisher so beobachtet habe.

Der zweite Band des Manuskriptes schließt mit einer wunderschönen handgezeichneten farbigen Karte der Aktion bei Langensalza.

Während die ersten beiden Bände der Manuskriptsammlung insbesondere operationsgeschichtliche Darstellungen bieten, enthält der dritte Band vornehmlich Schriftstücke zur Historie einzelner Regimenter[144]. Im Anhang des fünften Stückes befindet sich eine sehr gute handgezeichnete Karte über das Gefecht bei Holitz.

In allen drei Bänden ist der Verfasser der Schrift nur selten erkennbar.

---

eingesetzten Truppen, 9. »Journal von der Campagne in Pommern im Jahr 1761«, 10. »Journal der Platenschen Expedition sowohl in Polen als auch in Pommern vom 10. Septbr bis ult: December 1761«, 11. Platen an Tempelhoff vom 28. Oktober 1790/Friedrich II. an Platen, 13. Oktober 1761, 12. »Journal beim Corps der Russisch Kaiserlichen Armeé unter dem Comando H. Gen Lieutn: und Ritters Grafen von Romanzow.«, 13. unbetitelter Abschnitt über den Feldzug von 1761, 14. Notions sur l'affaire de Langensalza.

[143] Anhang zum 12. Stück. Obgleich der Brief mit den Worten: »Strehlen den 13 October1761 Mit eigener Hand Friederich« endet, muss wohl von einer Abschrift ausgegangen werden. Platens Sohn kündigt die Übersendung mit einem beiliegenden an Tempelhof gerichteten Schreiben an. Die Handschrift weicht von der des königlichen Schreibens zwar ab, doch das Papier ist exakt das gleiche. Es fehlt zudem eine förmliche, vom übrigen Text abgesetzte Anrede. Darüber hinaus ist der Brief in gutem Deutsch verfasst. Diese Tatsachen dürfen zu der Annahme führen, dass es sich um eine Abschrift handelt. Möglicherweise könnte der Wortlaut »mit eigener Hand« sich auf einen kurzen, dem eigentlichen Brief folgenden französischen Abschnitt beziehen. Mit einem Brief (vom 28.10.1790) kündigt der Sohn des verstorbenen Generals von Platen das Schreiben an.

[144] 1. Katalog mit Fragen zur Regimentsgeschichte des Regiments von Kalckstein in den Jahren 1757 bis 1762, 2. Angaben zur Stärke des Regimentes von Kalckstein/von Bornstedt im Jahre 1758, 3. Gen. Wachtmeister Beville vom 25. December 1783, 4. Journal von dem Feldzuge des vormahligen Wiedschen und nunmehrigen JungWoldeckschen Infanterieregiment, 5. Taten und Kriegeszüge des Dragoner Regimentes von Strausen. Journal und Nachrichten vom Siebenjährigen Kriege des GrenadierBattaillon von Nömschewsky bis 15. April 1762 nachhero v. Mosch bis zum Frieden und nunmehro v. Pfuhl, 6. Regiment von Kalckreuth Dragoner, 7. Stärke- und Verlustangaben für die Schlacht bei Lobositz (1756), 8. Nachrichten des jetzt v. Knobelsdorfischen DragonerRegiments aus dem Kriege 1756 bis 1763 wie solche aus Mangel hinlänglicher Journale haben entworfen werden können, 9. Auszug von den Feldzügen des Dragoner Regts. V. Pomeiske bis zum Hubertusburger Friede 1763, 10. Relation der Begebenheiten des Siebenjährigen Krieges welche das FüssilierRegiment v. Schwartz mit beigewohnet, 11. Nachrichten des damals v. Gesslerschen v. Schmettauische jetzt v. Arnimschen CürassierRegiments die Feldzüge von 1756–1763 betreffend, 12. Journal und Nachrichten vom Siebenjährigen Kriege des nunmehrigen Regiments v. Thadden dazumahlen de la Motte Fouqué.

Nr. 24
Tielke, Johann Gottlieb, Unterricht für die Officiers die sich zu Feldingenieurs bilden oder doch den Feldzügen mit Nutzen beywohnen wollen erläutert und mit nöthigen Plans versehen, Dresden, Leipzig 1769

Sign. B 0100479, Bleckwenn, 200 S., nicht nummeriert, Deutsch, lateinische Schrift
Johann Gottlieb Tielke wurde am 2. Juli 1731 im Schloss Tautenburg als Sohn eines Amtmannes geboren, trat 1751 in den Militärdienst und diente zunächst in der russischen, dann in der österreichischen und schließlich in der kursächsischen Armee als Ingenieur. Er stieg bis zum Artilleriehauptmann auf, verfasste militärwissenschaftliche Abhandlungen und galt seinen Zeitgenossen als ausgezeichneter Kenner der Kriegshistorie.

Der sächsische Offizier schrieb seinen *Unterricht für die Officiers* mit dem Ziel, militärischen Führern ein Handbuch zu präsentieren. Der Offizier besäße keine Möglichkeit, einen größeren Vorrat an Büchern ständig mit sich zu führen. Sein Buch wurde 1769 erstmals gedruckt und erschien 1774 in zweiter Auflage. Das MGFA verfügt über die *Urschrift* des Werkes. Bemerkenswert erscheint die Tatsache, dass Tielcke seine Gedanken nicht in neugotischer, sondern in lateinischer Schrift zu Papier brachte. Selbst Personen, die mit der alten deutschen Handschrift nicht vertraut sind, ist das Buch also zugänglich. Auffällig ist auch der sehr geringe Anteil geometrischer Betrachtungen; arithmetische Formeln fehlen gänzlich. Dies ist besonders augenfällig, da Tielcke im Vorwort betont, besonderen Wert auf die Darstellung der Mathematik zu legen. Tielcke schildert ohne zu konstruieren, ohne mit exakten Berechnungen zu langweilen. Dort, wo er mathematische Probleme abhandelt, beziehen sie sich grundsätzlich auf Möglichkeiten der praktischen Anwendung. Das Manuskript zerfällt in drei Teile, die sich wiederum in »Hauptstücke« gliedern, von denen jedes mehrere Paragraphen aufweist. Da sich im Manuskript keine Seitenzahlen finden, die Paragraphen hingegen fortlaufende Nummerierung erfuhren, bietet sich beim Zitieren eine Rückgriff auf jene kleinen Abschnitte an.

Folgende Inhalte werden präsentiert:
I. Teil: »Von Märschen und Laegern«
II. Teil: »Von Feld Arbeit«
III. Teil: »Vom Aufnehmen«

Das Manuskript ist zweifelsohne von wissenschaftlichem Wert, bietet jedoch auch der historischen Bildung gute Möglichkeiten. Grundsätze des militärischen Handwerkes und der Truppenführung, die bis heute nicht an Gültigkeit verloren, finden in dem Werk seinen Niederschlag; etwa wenn Tielcke den Wert guter Karten für die Kriegführung hervorhebt. Die Arbeit des Feldingenieurs beschreibend, schildert er:

»Bey dieser sehr schweren und gefährlichen Verrichtung sind gute und richtige Karten von großem nutzen, aus solchen aber wo die berge als Heuhaufen, und die dörfer als Vogelbauer verzeichnet sind wird man sich wenig Rahts erhohlen; Die Schlesischen Specialkarten sind vortrefflich und erleichtern im aufnehmen.« (§ 5)

Schon im zweiten Hauptstück präsentiert Tielcke Grundlagen taktischen Handelns. So empfiehlt er, für die Aufklärung nur einige Husaren und Dragoner mitzuführen, da viele von dem Feind schneller entdeckt würden.

»[...] wenn man sich feindlichen Basterien nähert, die Stückschüsse auf sich ziehet, welche ein einzelner nicht zu befürchten hat« schreibt der sächsische Offizier und berührt damit Probleme der Auflockerung (§ 6).

Interessant erscheinen Tielckes Ausführungen über pioniertechnische Probleme. Sie zeigen, dass trotz der starken Verwissenschaftlichung und Mathematisierung der Kriegführung im Zeitalter der Kabinettskriege besondere Situationen pragmatische und flexible Lösungen hervorbrachten.

So empfiehlt Tielcke, verloren gegangene Pontons durch Biertonnen zu ersetzen, liefert gleich Möglichkeiten ihrer Beschaffung und schildert Beispiele aus dem Altertum (§ 46).

Aus wissenschaftlicher Sicht sind Tielckes Ausführungen immer dann von besonderem Wert, wenn er von der formalen Schilderung militärischen Taktierens abrückt und Einblicke in tatsächliche Handlungsabläufe gibt. Da das zivilmilitärische Verhältnis in der Forschung eine zunehmende Aufmerksamkeit erfährt, bietet insbesondere das IV. Hauptstück des II. Teiles interessante Darlegungen. Dort behandelt der Autor unter anderem die Gestellung von Arbeitskräften für die Schanzarbeit. Würden hierfür Soldaten herangezogen, so träten nie Probleme auf, »allein mit Bauern ist es ganz anders. Man muß sie nicht allein mit Gewalt und Zwang zusammentreiben, sondern auch sorgfältig bewachen, damit sie nicht wieder entlaufen.« (§ 149) Oft würden die zivilen Verantwortlichen nur Alte oder ganz Junge zum Schanzen schicken, deshalb solle der Kräfteansatz grundsätzlich über dem eigentlich Erforderlichen veranschlagt werde. Es folgen längere und sehr bemerkenswerte Ausführungen über Bewachung der Bauern, das formale Vorgehen sowie die Arbeitsmittel des Schanzens (§§ 150 f.).

Wertvoll ist das im Text dargebotene »Verzeichnis Derer Gleise und Spuhren durch verschiedene Laender wie nemlich die Landstraßen und Hauptwege gleichen und wornach die Waegen jedes Landes gebauet werden« (§ 61), sowie Tabellen über Schussarten und Reichweiten.

Nr. 25
Titzck, [Gerhard,] Tagebuch für Seekadett Titzck 1912/1913

Sign. G 53/716, Freiburg, ca. 175 Bl., Deutsch, Sütterlin

Mit dem 1912/13 verfassten Tagebuch gibt der damalige Seekadett Gerhard Titzck sich und seiner Nachwelt Rechenschaft über die Ausbildungsfahrt an Bord der SMS »Victoria Louise«. Dass seine Darstellung keineswegs nur als persönliche

Erinnerungsstütze gedacht gewesen war, zeigt der ausführliche Lebenslauf, den Titzck verfasste und seinen Aufzeichnungen voranstellte. Der Sohn eines Großkaufmannes erblickte im Februar 1892 das Licht der Welt. Seinen Vater lernte er nie kennen, da dieser vor der Geburt des Sohnes verstarb. Einem Realschulbesuch (1898–1908) folgte die Einberufung als Einjährig-Freiwilliger. Anschließend begab sich Titzck in eine Kaufmannslehre, die ihm jedoch wenig Freude bereitete. Etwas länger als ein Jahr hielt er dennoch in der unbefriedigenden Stellung aus. Dann besuchte er die Militärvorbildungsanstalt in Kassel, später ein Jahr die Oberprima eines Hamburger Gymnasiums. Nach bestandenem Abitur griff Titzck seinen Jugendwunsch, Offizier zu werden, wieder auf. Mit bestandener Eingangsprüfung erfolgte seine Einstellung als Seekadett der Kaiserlichen Marine (1. April 1912). Nach sechswöchiger infanteristischer Ausbildung und dem Ableisten des Treue-Eides schiffte sich Titzck mit zahlreichen anderen Seekadetten am 14. Mai auf der SMS »Victoria Louise« ein, die zwei Tage später in See stach. Einem Übungsschießen in der Kieler Bucht folgte die Weiterfahrt nach Sassnitz und von dort nach Swinemünde. Ende Juni verließ die »Victoria Louise« die pommersche Seestadt und begab sich nach Schweden, wo sie mehrere Städte anlief, unter anderem Stockholm und Malmö. Weitere Stationen waren Kopenhagen und Helgoland. Nach einwöchigem Urlaub besuchte der junge Seekadett Antwerpen. Dort begeisterte ihn der Einzug des belgischen Königspaares und ein von Schulkindern gestalteter Festumzug. Der kurze Landaufenthalt beinhaltete zudem einen Tagesausflug nach Brüssel. Das kaiserliche Kriegsschiff durchquerte nun den Kanal und trat seine Überfahrt nach Nordamerika an. Nach kurzem Halt in Halifax, wo es neue Kohle an Bord nahm, absolvierte Titzck im September seine ersten Prüfungen. (Das Ergebnis teilt Titzck nicht mit. Dafür findet sich eine Skizze der Hafeneinfahrt von Halifax in seinem Tagebuch.) In den Vereinigten Staaten besuchte Titzck gemeinsam mit seinen Kameraden Newport, New York und Vera Cruz. (Anläßlich des Geburtstages der Kaiserin Augusta Victoria verfasste einer der Seekadetten ein Gedicht, das den Tagebuchblättern beigefügt ist.) Maschinenkursus, Schießübungen und Regatten bestimmten fortan Titzcks Dienstablauf (St. Thomas, Curacao). Auf der nun folgenden Weiterfahrt nach Santa Cruz musterte der Kommandant die Artillerie und die Signaldienste. Von Santa Cruz aus fuhr die »Victoria Louise« nach Vigo, dann durch den Kanal nach Langeland, das den Endpunkt der Reise markierte.

Nr. 26
Zeitgenössische Extrakte, Berichte 1757
(aus Nachlass M. v. Eelking[145])

Sign. B 0104194, Bleckwenn, Loseblattsammlung, nicht nummeriert, Deutsch und Französisch, Neugotisch/Kanzlei und Kurrent

In diesem Falle handelt es sich um keine Handschrift im eigentlichen Sinne, sondern um eine Akte, die aus einer Sammlung nicht gebundener Briefe, Berichte und Auszügen aus Schreiben und Zeitungen besteht[146]. Sie sind deshalb wertvoll, weil aus Ihnen interessante Einblicke in die Wahrnehmung und Beurteilung des militärischen Geschehens im zweiten Jahr des Siebenjährigen Krieges gezogen werden können. Bei der Betrachtung lohnt sich durchaus, jede noch so kleine Notiz zu begutachten. So teilt beispielsweise ein kleiner Zettel mit, dass Bauern die Bagage nach Hannover verbracht hätten und mit der Nachricht von der Schlacht bei »Burgtorff« heimgekehrt seien. Fünfzehntausend Mann hätten die Franzosen dort verloren, bei ihrem Rückzug aus Zelle die Stadt geplündert und angesteckt[147]. Ihm folgt ein Bericht aus Magdeburg vom 8. Oktober 1757. Der königliche Page von Putlitz hätte Meldung von der Schlacht bei Lissa überbracht, in der der König ein ihm zweifach überlegenes Heer erfolgreich schlug. Unter den Gefangenen befände sich auch General Daun[148].

Interessant ist der beigelegte Extrakt eines Briefes vom 11. Dezember 1757, den der preußische Postsekretär aus Wittenberg anfertigte. Aus ihm spricht Friedenssehnsucht, Siegeszuversicht und Überzeugung, einer gerechten Sache zu dienen. Zudem beinhaltet er eine Schilderung der Ergebnisse der Leuthener Schlacht.

»Glauben sie gewiß, die Zeiten werden sich ändern, und der Himmel wird uns den edlen Frieden bald gönnen. Es schlage nun aus, auf welche Seite es will, vors erste wird sich unser gnädigster König gegen seine Feinde, die nichts als Ungerechtigkeit zum Grunde haben, nicht legen, weil Gott bis dato mit im Spiel ist. Den 5d xtr[149]: haben Sr Maaj: unser allergnädigster Monarch, nach dem der Herzog von Bevern zweymahl in seine Retrenchements angegriffen worden, einen der vollkommensten Siege über die gantze österrch. Macht erfochten. Von feindlicher Seite sind gewiß 30 000 Mann geblieben. Sie können mir glauben, denn es ist nicht die Gewohnheit von unseren Ausführungen groß zu sprechen, sondern wir betrachten es alles gleichgültig, und hoffen noch endlich über unsere Feinde zu siegen. Die österrh. Armeé ist gäntzlich gesprenget,

---

145 Vermutlich Max Herrmann Freiher von Eelking (1861–1930), preuß. Generalmajor. Zur Biographie: Allgemeine deutsche Biographie, Bd 5, S. 653 f.

146 Die ersten Schreiben sind: Georg Heinrich Aiper an eine Herzogin (?) vom 8.12.1757 (Jenes Schriftstück ist der einzige in der Akte befindliche Originalbrief, alle anderen sind zeitgenössische Abschriften). Mitteilung Über Mittagsmahlzeit der Prinzen von Hilburghausen und Darmstadt (Eingang Frankfurt 24.11.1757). Liste der Orte in welche die Reichstruppen die harten Wintermonathe bleiben werden. Bericht über die Operationen in Schlesien Ende 1757 ab der Breslauer Schlacht (Eingang Frankfurt 27.12.1757).

147 Eingang Frankfurt den 27.12.1757.

148 Leopold Josef von Daun (1705–1766), österreichischer Generalfeldmarschall, ab 1757 Oberbefehlshaber der österreichischen Truppen.

149 Dezember.

unser König ist noch beständig im Begrif selbige zu verfolgen, dahero wir in kürtzer Zeit die völlige Decidirung von Schlesien erfahren werden [...] Es sind viele die schlechte Meynung von uns haben, aber es schadet nichts, Gott ist mit im Spiel, solcher gestalt, daß der Gerechte am Ende noch siegen werde. Die Schweden haben sich völlig mit einem starken Verlust aus unserem Lande retiriret, selbige haben die Visite unserer Völcker aus Preußen so bey Stettin einer Anzahl von 30 000 Mann angekommen sind, nicht abwarten wollen.

Gestern habe ich ordre bekommen, meine Sachen in solchen Stand zu setzen, damit ich bey erforderl. Umständen mich zu hannöverl. Armeé bey dem Hertzog Ferdinant von Braunschweig durchl. mit verfügen könnte, besonders wenn eine Colenne unserer Trouppen, wie es heißet, dahin abgehen, und mit den Alliierten sich conjungiren sollte.

P.S.

Alleweil kommt ein Courier mit 20. Blasenden Postillions hier an, und bestättiget den gloriensen Sieg unseres theuren Königs, diese Action soll einer der vollkommensten seyn, 6000. gefangene haben wir bereits erhalten, wie auch eine sehr starke Anzahl Canonen, das gantze Lazarett in Neumarck, so aus 6000 österrh. bestanden ist in unsere Hände gerathen. Der Himmel gebe ferner solche angenehme Nachrichten.«

Es folgt unter anderem[150] ein Extract aus der Hanöverschen Zeitung vom 1. August 1757 über das Gefecht zwischen dem Marschal d'Estrees und dem Herzog von Cumberland[151].

Besonders interessant ist die Schilderung des französischen »Rückzuges« nach der verlorenen Schlacht bei Roßbach:

»Eben da ich im Begrif bin ihnen die in Sachßen vorgefallenen Scharmützel zu notificiren, erhob sich ein Geschrey von Orgen und Mitternacht weshalben billig anstand nehmen müste, erst zu vernehmen, was dieses Getöse, das Rennen und laufen und der erstaunliche Allarm sey, endlich vernahm man, daß die gantze Armeé der KäyserlFranz. Und ReichsTrouppen in Sachsen totaliter geschlagen, und dieses waren die flüchtigen Coujons, die Wege suchten und wusten nicht wo sie hin solten; Einen schrey: Omiserable, ist sich all das Groß officierer und die Camerad blieben. Der ander von der 2d. Nation; Ey schlag danh blechle ischt, sage ich, das höllisch feuer ischt bey und unter uns gewechst; dort ruft ein Jude: O Weih, o weih wie geschicht mir, habs immer gesagt, man soll die Preuße nicht zu viel trau und allzu klein mache, nun seht, da habts. Kurtz, alle Dörffer von Leipzig bis Erfurth sind zeugen, des vergoßenen Franzosenbluts[152].«

---

150 An den genannten Extract anschließend: 1.) Bericht aus Stauffenberg vom 11.10.1757 über Truppenbewegungen der französischen Armee (Beziehen der Winterquartiere) und der Hessen und Braunschweiger; 2.) Gedicht zweier gefangener französischer Fourageschreiber auf Friedrich II., die dieser überreicht erhielt und 3.) Extract eines Berichtes aus Eisenach vom 8.11.1757 »zu einem harten Treffen« zwischen den Alliierten und den Preußen am 3. November (vermutlich ist die am 5. November stattgefundene Schlacht bei Roßbach gemeint).

151 Gemeint ist die Schlacht bei Hastenbeck, die am 26.7.1757 ausgefochten wurde und mit einem französischen Sieg endete. William Augustus von Cumberland war Oberbefehlshaber der aus 27 000 Hannoveranern, 12 000 Hessen, 6000 Braunschweigern und 5000 Preußen zusammengesetzten Observationsarmee, die das Kurfürstentum Hannover gegen die Franzosen verteidigte. Die Kriege Friedrichs des Großen. Hrsg. vom Großen Generalstabe, Kriegsgeschichtliche Abteilung II, T. 3: Der Siebenjährige Krieg 1756–1763, 4.: Hastenbeck und Roßbach, Berlin 1903, S. 93–113. Das MGFA verfügt über einen schönen Band mit zeitgenössischen Karten zur Schlacht bei Hastenbeck (Sign. 02 662).

152 Extract eines Schreibens aus Mihla bei Eisenach vom November 1757. In: Zeitgenössische Extrakte.

Ein weiterer Bericht aus Magdeburg, der gleichfalls die Roßbacher Schlacht zum Inhalt nimmt, vermittelt unter anderem eine namentliche Aufstellung der gefangenen höheren französischen Offiziere[153].

Neben den hier erwähnten, zur Bibliothek gehörenden Beständen verfügen einzelne Forschungsbereiche des MGFA über Nachlässe. Diese sind jedoch aufgrund besonderer Übereinkünfte mit den Rechtsträgern der Öffentlichkeit vorerst nicht zugänglich.

Anders verhält es sich mit dem bereits erschlossenen und der Forschung zugänglichen Bleckwenn-Nachlass.

VI. Schlussbetrachtungen

Die Bibliothek des Militärgeschichtlichen Forschungsamtes besitzt mit ihrem Handschriftenbestand einen bedeutenden Schatz, der wissenschaftlich noch weitestgehend einer intensiven Bearbeitung harrt. Obschon er quantitativ nicht mit dem größerer Bibliotheken vergleichbar ist, bietet er doch einige handgeschriebene Bücher von herausragendem Wert. Erinnert werden darf hier an Schriften Moltkes, Clausewitz' und Scharnhorsts. Dennoch wäre es verkehrt, nur ihnen wissenschaftlichen Wert beizumessen. Gerade die zunächst weniger spektakulär anmutenden Handschriften offenbaren sich bei intensiverer Betrachtung als wichtige Quellen.

Sie treffen Aussagen zur Sozial- und Kulturgeschichte des Militärs, zur Operations- und Ereignisgeschichte, sie könnten die biographischen Forschungen ebenso stützen wie Untersuchungen zur Militärpädagogik und zum militärischen Erziehungswesen. Ihnen zu entnehmende Zitate dürften sinnvoll zur anschaulichen Erörterung militärhistorischer Begebenheiten in der historisch-politischen Bildung von Offizieranwärtern Anwendung finden. Damit sind nur einige der vielfältigen Nutzungsmöglichkeiten benannt.

Eine weiterhin zügige Erfassung sämtlicher Bestände des MGFA ist Voraussetzung:

---

153 Magdeburg den 10.11.1757. Ihm folgt ein weiterer Extract mit ähnlichem Inhalt. Extract Schreibens aus Göttingen von dem Hannöverrischen Obristen von Storr an hiesige Frau Dechantin den 13d. November 1757. Dann: Dictatum Frankthurt den 14. Nov. 1757. Relatio Was zwischen der Reichs Executions- und der combinierten Französischen, unter Commando resp: des General-FeldMarschalls Prinzen von Hilburghausen und Prinzen von Soubise, sodann der Preußisch. Armee vom 29. Octobr: biß den 5ten Nov: incl. Besonders aber den 3ten October: und letztgedachten Tages vorgefallen; Schreiben im Vorfeld der Schlacht von Leuthen (Entscheidungsschlacht zieht herauf: »heute oder morgen früh würde eine decesiv-Bataille gegeben«). Extract eines Schreibens aus Jena vom 2.12.1757 (bezieht sich auf die Schlacht bei Roßbach). Zwei kleine Notizen über den Kampf um Münster (November 1759).

1. für die Feststellung der tatsächlichen Anzahl der Handschriften;
2. deren vollständige Bereitstellung für eine intensive inhaltliche Erschließung und wissenschaftliche Erforschung.

Dass die im vorliegenden Band beschriebenen »Schätze«, nämlich alle handschriftlichen Überlieferungen, die häufig nur in diesem einen Exemplar vorhanden sind, bislang keine geschlossene, separate Aufstellung fanden, wird vom Verfasser als schmerzliche Tatsache empfunden.

Es bleibt die Hoffnung auf Zusammenfassung sämtlicher Handschriften der Bibliothek des MGFA zu einer Sondersammlung, um den unersetzbaren pekuniären, künstlerischen, vor allem aber wissenschaftlichen Wert zu würdigen und der Forschung zu dienen.

Anhang

Übersicht über die in Strausberg und Potsdam lagernden Handschriften des Militärgeschichtlichen Forschungsamtes, Potsdam[154]

1. Freiburg

Verfasser/Titel	Entst.jahr	Sprache	Signatur
[Anweisung für die Kavallerie]: [Atlas von 32 Plänen]	um 1810	Dt.	ÜG 09/123
Costumes des Troupes Françoises & de alles de l'Alliance du Rhin que ont étées à Berlin depuis le 24ième October 1806 / par Zimmermen	ca. 1806	Franz.	09/869
Entwurf zur Organisation einer Kriegsschule	1856	Dt.	ÜG 18/346
Etat der General-Krieges-Casse, Salerien-Etat des Oberkriegs Collegie und General-Invaliden-Cassen Etat pro Trinitatis [...]	1794–1795	Dt.	19/375
Günther, Über das Verhalten der Unteroffiziere und Soldaten auf Feldwachten und auf Patrouillen/verfasst von Günther	um 1898	Dt.	20/141
Infanterie Regiment Hamburg im Felde	1918	Dt.	G 53/840
Kriegstagebuch – 5.11.1914–21.7.1915	1915	Dt.	54/443.1
Kriegstagebuch – Kriegsgefangenschaft 1916–1917	1917	Dt.	54/443.2
51. Signatur: Kriegstagebuch – Juni 1917–24 May 1918	1918	Dt.	54/443.3
Kriegstagebuch, Bd 1	1916/17	Dt.	G 53/658.1
Kriegstagebuch, Bd 2	1918	Dt.	G 53/658.2
Liteanu, Gh., Curs de explozivi si balistica interioara / de Gh. Liteanu	1915	Ital.	53/988
Memoire sur l'armée prussienne fait en 1783	1783	Franz.	G 31/852.1/2
Pietsch, Paul, Krieger-Uniformen 1914/1915	ca. 1960	Dt.	09/861

[154] Um einer späteren detaillierten Provenienzforschung Vorschub zu leisten, gebe ich die Besitzstempel mit an, sofern es sich um fremde Nachweise handelt. Die Stempel der Bibliothek des MGFA und des ehemaligen MGI finden keine Berücksichtigung. Im Potsdamer Bestand ist der relativ hohe Anteil an Neueinbindungen auffallend.

Verfasser/Titel	Entst.jahr	Sprache	Signatur
Rang Liste von denen in hiesiger Garnison stehenden Cavallerie und Infanterie Regimentern auch Artillerie-Corps	1782	Dt.	31/561
Titzck, Gerhard [Fotoalbum des Leutnant d.R. MA Gerhard Titzck 1914–1917, Flandern]	1914–1917	Dt.	G 53/717
Titzck, Gerhard, Tagebuch für Seekadett Titzck 1912/1913	1912/13	Dt.	G 53/716
Vorschriften für die Packung und Ausrüstung sämmtlicher Geschütze und Fahrzeuge der kgl.bayr.FeldArtillerie, München 1853	1853	Dt.	208363

2. Potsdam

Verfasser/Titel	Entst.jahr	Sprache	Signatur
Abschriften des Journals vom 7jährigen Krieg von Friedrich Wilhelm von Gaudi (1756[155])	1778	Dt.	42 909
Abschriften des Journals vom 7jährigen Krieg von Friedrich Wilhelm von Gaudi (1757/Bd 1)	1778	Dt.	42 910
Abschriften des Journals vom 7jährigen Krieg von Friedrich Wilhelm von Gaudi (1757/Bd 2)	1778	Dt.	42 911
Abschriften des Journals vom 7jährigen Krieg von Friedrich Wilhelm von Gaudi (1758)	1778	Dt.	42 912
Abschriften des Journals vom 7jährigen Krieg von Friedrich Wilhelm von Gaudi (1759)	1778	Dt.	42 914
Abschriften des Journals vom 7jährigen Krieg von Friedrich Wilhelm von Gaudi (1760/Bd 1)	1778	Dt.	42 915
Abschriften des Journals vom 7jährigen Krieg von Friedrich Wilhelm von Gaudi (1760/Bd 2)	1778	Dt.	42 916
Abschriften des Journals vom 7jährigen Krieg von Friedrich Wilhelm von Gaudi (1761/Bd 1.2)	1778	Dt.	42 917

[155] Inhalt.

Verfasser/Titel	Entst.jahr	Sprache	Signatur
Anzugs-Instruction / [Kommandeur des 32. Preußischen Infanterie-Regimentes]	1838	Dt.	42 359
Baader, Thomas von, Neu inventierte Manoeuvres zu Pferde, Parchim 1759	1759	Dt.	Q 50 033
Bemerkungen über die Grossherzoglich Badische Artillerie im Jahre 1839 gesammelt auf einer militairischen Instructions-Reise von Heinrich von Rouvroy und Herrmann Schulze[156]	um 1839	Dt.	Q 05 384
Brock, F.C., Die deutsche Armee 1870–1871	1872	Dt.	42 257
Entwurf zur Instruktion über das Anschießen der gezogenen Geschütze	1861	Dt.	44 590
Erklärung der Operationskarte welche die Feldzüge am Oberrhein unter Sr. Majestät dem König von Preußen, dem regierenden Herzog von Braunschweig, dem kaiserlich königlichen Feldmarschall Grafen von Wurmser 1793, und unter dem Feldmarschall von Möllendorf 1794 / dargestellt von Neander dem 2ten	um 1794	Dt.	Q 42 815
Exercitien-Reglement vor die Regimenter Infanterie / [Rutowski]	1751	Dt.	Mil XXIII/454
Friedrich <Preußen, König, II.> Instruction Friederich des Großen für die General Majors der Infanterie / . – Potsdam	1748	Dt.	Q 03 955
Heer, Christoph, FestungsAbrisse	1693	Dt.	56 641
Im Winter 1804/5 [Rangliste über die Besetzung und den personellen Umfang der 1804–1805 in Berlin stationierten Regimenter]	1805	Dt.	42 395
Instruction über das Anschießen der gezogenen Geschützröhre vom 2. November 1872	1872	Dt.	44 589
Kriegsartikel, Ordonnanz, Etappe, Duell-Mandat, Exerzier-Reglements, Etats[157]	1726	Dt.	Q MIL XXIII/450
Kurzer Abriß der Formationsgeschichte des I Bataillons Großherzoglich Mecklenburgischen Füsilierregiments Nr. 90, als dem Stamm des Regiments	1882	Dt.	Q 51 274

[156] Besitzstempel: Bibliothek des K.S. Artillerie-Corps.
[157] Besitzstempel: Königlich Sächsisches Kriegsarchiv.

Verfasser/Titel	Entst.jahr	Sprache	Signatur
Laube, Über das Feld-Material y 73: Constructions-Motive und Schieß-Ergebnisse; für die zur Artillerie-Schieß-Schule kommandierten Offiziere zur Benutzung	1874	Dt.	42 980
Manoevre	Anfang 19. Jh.	Dt./Franz.	Q 06 886
Manoverdispositionen. Enth.: Dispositionen der West-Armee für das Feldmanöver am 25. September 1833. Dispositionen der Ost-Korps zum 25ten September 1833	1833	Dt.	45 591
Meyer, Dienstanweisung der Militär-Fliegerschule: Leipzig-Lindenthal[158]	1915	Dt.	G 54/490
Mon Journal pendant la guerre 1914/1915: cartes au jour le jour pour marquer soi-même les opérations, éphémérides et journal[159]	1915	Franz.	44 523
Rangliste der Königlichen Preußischen Generalität, Obristen, Obristenlieutnants und Majors: [summarische Recapitulation der königlich preußischen Armee zu Roß und Fuß][160]	1705	Dt.	42 580
Rangliste der Preußischen Armee	1932	Dt.	18 771
Rangliste derer sämtlichen Herren Generals und Staabs-Officiers von der Königlichen Preußischen Armee im Monat Februarij 1772	1773	Dt.	42 426
Reglement Vor die Garnison zu Dreßden de anno 1746	1746	Dt.	Q MIL XXIII/453
Übersicht der Schlachten, Geschichte und Belagerungen der Feldzüge von 1813, 1814 und 1815 /: nach Plotho, Beitzke, Asler, Friccius :/ (Potsdam 1858) (Verfasser: Generalleutnant F. Münchenow)[161]	1858	Dt.	12 362

158 Besitzstempel: Militär-Fliegerschule Leipzig-Lindenthal.
159 Besitzstempel: Bibliothek des Auswärtigen Amtes.
160 Exlibris: von Tümling'sche Fideicommiß-Bibliothek auf dem Thalstein bei Jena.
161 Besitzstempel: Bücherei der Infanterieschule; Privatbibliothek seiner Maj.D.Kaisers u. Königs; Bibliothek d. K. Kriegs-Schule zu Hersfeld.

Verfasser/Titel	Entst.jahr	Sprache	Signatur
1. Vorschrift zum Nachbohren der metall. Geschützröhre 2. Vorschrift zum Verschrauben der Geschütze mit kupfernen Zündlochstollen 3. Instruktion zur Anbringung eines neuen Korns bei gezogenen Gussstahlgeschützen 4. Vorschrift zum Einsetzen von Zündlochfuttern ins sog. Gussstahl- und Bronce-Röhre 5. Beschreibung der Gebrauchsanweisung einer Vorrichtung zum Aufbohren des Ladungsraumes 12ger gezog. Kanonenröhre mit Kolbenverschluss	1866	Dt.	46 214
Zeichnungen zur Geschichte der [...] Befestigung und zum förmlichen Angriff hrsg. von K. Wagner, F. Sinut[162]	Ende 19./Anfang 20. Jh.	Dt.	05 472

3. Sammlung Bleckwenn

Verfasser/Titel	Entst.jahr	Sprache	Signatur
Anciennete-Liste des Königlich-Preußischen Artillerie Corps seyt anno 1676 bis auf die jetzige Zeit: nebst einer Geschichte des Corps, 2 Bde[163]	1871	Dt.	B0100578
Bleckwenn, Hans, Tagebuch	um 1970	Dt.	B0105195
Braatz, L., Artillerie-Collegium, Bd 1	1782	Dt.	B0100427.1
Braatz, L., Artillerie-Collegium, Bd 2	1782	Dt.	B0100427.2
Cabinet-Ordres Friedrich II König in Preußen betr. Einquartierung 1749–1754	1754	Dt.	B0102009
Duplikat: General Rechnung von Einnahme und Ausgabegelde zur Oeconomie des Grossen Königlichen Waisenhauses zu Potsdam und dessen Pertinentien	1757	Dt.	B0101600
Eichhorn, J., Die Gräflich Sorau-Promnitzsche Frei-Compagnie[164]	20. Jh.	Dt.	B0102881

[162] Kopie; Besitzstempel: Bücherei der Infanterieschule.
[163] Kopie; Besitzstempel C.v.B. (vermutlich C. von Braatz).
[164] Exlibris: Sammlung Grossenhain Nr. 20.

Verfasser/Titel	Entst.jahr	Sprache	Signatur
Extrait nouveau et sure: l'etat des armées pour l'année 1759	1759	Franz.	B0103404
Friederich, Jacob Andreas, Jeziges Kriegs-Theater oder Vorstellung derer Lager, Schlachten, Belagerung, Marchen und anderen merckwürdigen Beobachtungen des gegenwärtigen Kriegs in Deutschland: von einem geschickten Ingenieuer gezeichnet und in Kupfer gestochen	1758	Dt.	B0108794
Die königlich preußische Armee	um 1800	Dt.	B0102972
Kriegs-Exercitien und Übung über die hochloebl. Infanterie und Cavallerie[165]	um 1700	Dt.	B0103427
Liste des Regiments von Renouard: von 1666 bis 1805	1805	Dt.	B0104977
Pohl, Helmut, Das Schwarzburg-Rudolstädtische Militär: Gesamtübersicht über die Geschichte des Schwarzburg-Rudolstädtischen Militärs und Zusammenhänge der einzelnen Truppengeschichten	1938	Dt.	B0100161
Preußisches Chef-Register	um 1900	Dt.	B0100576
Rapport Von denen zur Besatzung von Graudenz gehoerigen FeldTruppen	1812	Dt.	B0104076
Reglement pour l'Exercice del'Infanterie de S.M Le Roy de Sardaigne[166]	1755	Franz.	B0103764
Tielke, Johann Gottlieb, Unterricht für die Officiers, die sich zu Feld-Ingenieurs bilden: oder doch den Feldzügen mit Nutzen beywohnen wollen, durch Beispiele aus dem letzten Kriege erläutert, und mit nöthigen Plans versehen	1769	Dt.	B0100479
Uniformierungstabelle der Königlich Preußischen Armee für das Jahr 1806: Auszug aus der Stammliste von 1806	1944	Dt.	B0100087
Von Bedienung des Geschützes[167]	1788	Dt.	B0104980
Von dem äußerlichen Stand und Dienste derer Regimenter beym Exerziren[168]	1751	Dt.	B0104704

[165] Exlibris: Lichtensteinianis.
[166] Exlibris: Albert Louis Comte de Schulenburg.
[167] Besitzvermerk (gedr.): k. und k. Kriegsarchiv Bibliothek-Abtheilung (Stempel: ungültig).
[168] Besitzstempel: Bibliothek des K.S. 2. Jäger-Batailons No. 13.

Verfasser/Titel	Entst.jahr	Sprache	Signatur
Zeichnungen zu dem Collegio des Batteriemeisters, welches im Jahre 1783 in der Churfürstliich Saechsischen Artillerie-Schule zu Dresden, den Artillerie-Scholaren dociret worden ist	1783	Dt.	Q 56 640
Zeitgenössische Extracte, Berichte 1757 (aus Nachlass M v. Eelking)[169]	um 1757	Dt.	B0104194

4. Sammlung Burgsdorff

Verfasser/Titel	Entst.jahr	Sprache	Signatur
Anleitung zu denen Unterhaltungs-Stunden in zwölf Abtheilungen bei der Sächsischen Landwehr[170]	um 1810	Dt.	208219
Architectura militaris, dat is fortificatie ofte wetenschap van sterckte bouwing	1750	Nieder-länd.	G 207465
Breve trattato delle moderne fortification, e del modo di fabrican litutiglieria, con una breve dimostratione dell'architecta: ornata: preposte prima le definitioni geometriche con aleune prattiche di compans [...] in ultimo il modo; di far [...]		Ital.	208120
Charron, Petit traite de géométrie pratique necessaire pour tracer des plans de fortification/par le Charron	1774	Franz.	208122
Discours sur l'attaque des places	um 1780	Franz.	ÜG 207455
Entwurf einer Vorschrift für den Artillerie-Unterricht der Unteroffiziere und Mannschaften des Großherzoglichen Festungs-Artillerie Bataillons: II. D. 126		Dt.	208116
Exercir Vorschrift für die Bürger-Artillerie der Wiener-Nationalgarde mit dem Feld-Geschütze / hrsg. von Simon Spitzhitel	1843	Dt.	208766
Exerzir Reglement für die Cavallerie der Koeniglich Preußischen Armee	1843	Dt.	G 207956.1843
Instruction zum Reit-Unterricht für die Königlich Preußische Armee	um 1828	Dt.	208239.1/2

[169] Hierbei handelt es sich um keine Handschrift im bibliothekarischen Sinne, sondern um eine »Akte«.

[170] Besitzstempel: Offiziers-Bibliothek in Lübeck.

Verfasser/Titel	Entst.jahr	Sprache	Signatur
Instruction zum Reit-Unterricht für die Königlich Preußische Armee	um 1828	Dt.	208239.3
Neues Kriegs-Reglement oder Instruction von der gantzen Kriegs-Verfaßung der Chur Sächsi. Cavallerie	um 1728	Dt.	208115
Reglement über das Tirailliren in zweigliedriger Stellung der Herzoglich Luxemburgischen Infanterie		Dt.	207936
Traité des fortifications	um 1740	Franz.	207436
Vorschriften für die Packung und Ausrüstung sämmtlicher Geschütze und Fahrzeuge der kgl. bayr. Feld.Artillerie	1853	Dt.	208363

5. Heeresbücherei

Verfasser/Titel	Ersch.jahr	Sprache	Signatur
Censur-Buch der 1sten Classe der Königl. allgemeinen Kriegsschule zur Berlin für das Jahr 1812/1813: näml. vom 15ten Octobr. 1812 bis zum 15ten Juli 1813[171]	1812	Dt.	90/577
Clausewitz, Carl von, Notizen über den Generalstabsdienst [...]: aus den Vorträgen des Generals v. Clausewitz 1811/1812	um 1812	Dt.	90/568
Clausewitz, Carl von, Notizen über den Kleinen Krieg: vorgetragen vom Major Carl von Clausewitz im Winter von 1811 bis 1812/G.W. v. Brühl	um 1812	Dt.	90/567
Construction de la guerre Soûteraine des placca[172]	1745	Franz.	90/008
Construction de la guerre Soûteraine des placca: [Cormontaingne; mines de Belle-Croix]	1745	Franz.	90/009
Examen Puncten für denen Constapeln welche zu Unter Officir befördert werden	um 1700	Dt.	90/574

[171] Besitzstempel: Deutsche Heeresbücherei Berlin, WBB II.

[172] Besitzstempel: Königlich Preussische General-Inspektion, Kaiserliche Fortifikation zu Metz, Deutsche Heeresbücherei Berlin, WBB II.

Verfasser/Titel	Ersch.jahr	Sprache	Signatur
Eynatten, [...] von, Geschichte des Königlich Preußischen Westfälischen Feld-Artillerie-Regiments Nr. 7 von seinem Entstehen bis zur Mobilmachung zum Kriege gegen Frankreich 1870: ein Gedenkblatt des Regiments für seinen erhabenen Chef, Ihre Königliche Hoheit, die Frau Prinzessin Carl von Preußen, geb. Herzogin von Sachsen-Weimar	1871	Dt.	90/006
Geschichte des kgl. Preuss. Infant. Rgt. Herzog v. Braunschweig Bevern: 1676–1779	1779	Dt.	90/572
Instruction für die topographischen Arbeiten des Königlich Preußischen Generalstabes	1821	Dt.	90/013
Moltke, Helmuth Karl Bernhard von, [Briefe aus Russland, 15. Aug. bis September 1856]	1856	Dt.	90/012
Plans de l'ordre de bataille et de la revue du Corps de Réserve Rassemblé à Kalisz 1835	1835	Franz.	90/005
Scharnhorst, Gerhard Johann David von, Vorlesungen des Obristen von Scharnhorst: zu Berlin im Winter von 1804 bis 05/Gerhard Johann David von Scharnhorst	1805	Dt.	90/579
Tempelhoff, Manuscripte über den 7jährigen Krieg	1784	Dt.	90/575
Tempelhoff, Manuscripte über den 7jährigen Krieg	1784	Dt.	90/576
Tempelhoff, Manuscripte über den 7jährigen Krieg	1784	Dt./Franz.	90/585

6. Korpsbibliotheken

Titel	Ersch.jahr	Sprache	Signatur
Schlachten in Spanien 1808–1813[173]	19. Jh.	Dt.	90/005

[173] Besitzstempel: Militärbibliothek Dresden.

Der Autor

Dr. Martin Meier, Jg. 1975, Historiker, 2003 bis 2005 wiss. Mitarbeiter am MGFA, Lehrbeauftragter Universität Potsdam